WEI SUYANG SHENGZHANG ER JIAO
XIAOXUE SHUXUE KECHENG YU JIAOXUE DE TESE JIANGOU

为素养生长而教
——小学数学课程与教学的特色建构

王 岚◎著

中国文联出版社

图书在版编目（CIP）数据

为素养生长而教：小学数学课程与教学的特色建构 / 王岚著. -- 北京：中国文联出版社，2023.11
ISBN 978-7-5190-5359-8

Ⅰ.①为… Ⅱ.①王… Ⅲ.①小学数学课－教学研究 Ⅳ.①G623.502

中国国家版本馆 CIP 数据核字(2023)第 218463 号

著　者	王　岚
责任编辑	于晓颖
责任校对	秀点校对
装帧设计	张　凯

出版发行	中国文联出版社有限公司		
社　　址	北京市朝阳区农展馆南里 10 号	邮编	100125
电　　话	010-85923025（发行部）　010-85923091（总编室）		
经　　销	全国新华书店等		
印　　刷	三河市龙大印装有限公司		

开　　本	710 毫米×1000 毫米　　1/16
印　　张	16
字　　数	210 千字
版　　次	2023 年 11 月第 1 版第 1 次印刷
定　　价	64.00 元

版权所有·侵权必究
如有印装质量问题，请与本社发行部联系调换

序

阅读王岚：儿童立场与素养本位

承蒙王岚校长信任，嘱我为她的新书写点文字。我一方面由衷祝贺她新书即将出版；另一方面又是心有忐忑的，因为面对一本谈数学教学的书，我是缺少专业话语背景的。

写点什么呢？姑且写一写我眼中的王岚校长和读完书稿的心得吧。

能够人才引进到北京的名师都是有故事的，王岚也一样。她在江苏工作时我们就已熟识。认识她的时候，她是常州市武进清英外国语学校副校长，是一位特别年轻的特级教师，后来又担任常州大学附属小学校长。岗位虽然在变化，但她始终没有脱离过自己的数学教学。

真正让我格外关注的，是她担任常州大学附属小学校长期间撰写的"成为美好，成就美好"理念的解读文章。确切地说，是这篇文章让我看到了王岚的优秀是多向度的。她不只在学科教学方面堪称佼佼者，在办学理念顶层设计和课程开发等方面的研究也颇有精到之处。作为写作者，我知道，每个人的写作都是由观念所塑造的，只有清晰的思考才能产生清晰的文字。

后来，王岚被调入北京，我们的交流更方便了，闲暇时总会邀几位好友小聚。我清楚地记得，每一次餐叙都离不开对教育话题的探讨，每每畅聊她总是那个最善于倾听的人。

王岚的故事版本不可复制，就像她的文章不可复制一样。在我所熟识的数学名师中，王岚是为数不多的课上得好、文章写得又好的名师。作为编辑，我固执地认为，一位优秀教师只有写出体面的文章才能与她的优秀匹配。

王岚在《中国教师报》写过专栏文章，作为当时的栏目编辑，我很喜欢她的文章。如果要概括她的文章特点，我认为她的文章兼具理论与实践双重视角，但又没有"理论腔"。她的思考是数学的，表达却"很语文"，选题往往直击学科本质，文章语言则精确而隽永。每一次向她约稿，她总能高效地写出你想要的高质量文章。其实，不是她写得好，而是她做得好。她写文章从来靠的不是文笔，而是她的学养和视野。

名师都以自己的方式刻录着自己的成长，可以是一节有创意的课，一篇有反思的文章，一个有洞见的表达。这一次王岚以一本书锚定一段时期以来的教学思考，同样是一种刻录。王岚对自己所教的学科报以极大的热情。作为校长，她平时很忙，但忙里偷闲时她会把自己的实践编织进一篇篇文章里。对于喜欢上课的教师而言，这样的写作何尝不是在咀嚼自己的经验，何尝不会让自己的教学实践更有意义。

这本书的每一篇文章都没有偏离过"课堂"这一主题。王岚为什么如此看重课堂，因为在她看来，最为根本的变革是课堂的内在理念发生天翻地覆的变化。课堂理念的变革，是对于人、对于学习、对于课堂、对于教育的全方位重新理解，是学校从单方面聚焦"教学"到全方位提升"教育"的变化；是教师从讲授"学科"到研究"课程"的变化；是学生从机械"操练"到创意"学习"的变化；是课堂从传统"讲堂"到创新"学堂"的变化；是评价从单一"分数"到多维"素养"的变化。

这本书的名字是《为素养生长而教——小学数学课程与教学的特色建构》。在这本书的文字里盛放着王岚基于"儿童立场"的教学愿景和基于

"素养本位"的教学实践与思考。

王岚始终秉持"儿童立场"建构自己的教学实践，正如她在书中谈到的"要像儿童那样观察，像儿童那样思考，像儿童那样学习"。数学教师不仅要善于帮儿童建立数学思维，扩展数学学习的思路和方法，还要相信儿童，发现儿童的兴趣所在，欣赏儿童的每一次发言。儿童是我们所有教育想象和变革实践的总和及灯塔。在我看来，只有见证过"相信儿童"力量的教师才会真正信仰儿童。但王岚对儿童的认识又是充满思辨的，她说"无视儿童，带来的是一种填鸭式的机械植入；无视学科，带来的是'食物安全'的危机"。

王岚的这些实践和思考都是在"课改"这一宏大背景下发生的。如果说她的文章都基于一种"课改"视角的话，那么"课改"视角的背后则是素养本位的追寻。我相信，伴随着此次新课程方案和课程标准的发布，这本书的价值会被进一步放大。此次修订的各学科课程标准都强调以核心素养为纲，构建大任务、大概念、大单元等以问题解决为目标的课程内容结构。换句话说就是一线教师要"为素养生长而教"，而数学教师要将数学知识放置到生活中，实现学科逻辑、生活逻辑与学习逻辑的统一。这一过程自然是走向"做中学、用中学、创中学"，走向学科实践的过程。

这本书围绕"跳出教学看教育，跳出学科看课程，跳出数学看课堂，跳出工具看技术，跳出课堂看评价"等视角陆续展开分析。当一个教师能够"跳出教学看教育，跳出学科看课程，跳出数学看课堂，跳出工具看技术，跳出课堂看评价"时，他就会有更高站位的视野，就会获得更深刻的理解，就意味着他有了教育的高阶思维。反之，如果一个教师对教育教学缺少了这样的高阶思维，就会像一个无家可归的流浪者。

正是王岚一直以来对儿童立场和素养本位的忠诚，让她的数学课堂生机盎然。

王岚是一位精神上始终有准备的人。如果说不断超越自己的经验是名师存在的理由，那么，王岚就是这样一位努力打破教学刻板印象的行动者。在教学的道与术之间，她一直在寻找一种平衡感，从而形成一种教学自洽。这本书也因此更值得阅读，并埋伏了续写的线索和可能空间。

　　一篇文章当然无法道尽我眼中的王岚，但是打开一本书也就打开了作者的思想世界。读者诸君，如果你想进一步了解王岚的教学思想和数学实践，那就请打开这本书，走进她的文字世界吧，文字里有她过去的努力和她未来追寻的方向。

褚清源　《中国教师报》编辑部副主任、《现代课堂周刊》主编

目　录

前言　最美好的时光　　　　　　　　　　　　　　　001

第一章　理念篇：跳出教学看教育　　　　　　　　　004
　第一节　教师的位置　　　　　　　　　　　　　　004
　第二节　与儿童同频共振　　　　　　　　　　　　007
　第三节　用设计思维教与学　　　　　　　　　　　010
　第四节　"有意义"与"有意思"　　　　　　　　　013
　第五节　迭代中的课堂　　　　　　　　　　　　　017

第二章　课程篇：跳出学科看课程　　　　　　　　　020
　第一节　课程理解：从课改到改课　　　　　　　　020
　第二节　课程研究：从问题到课题　　　　　　　　033
　第三节　课程实践：从结构到建构　　　　　　　　044
　第四节　课程发展：从融合到适合　　　　　　　　053
　第五节　课程创造：从特色到特质　　　　　　　　063

第三章　课堂篇：跳出数学看课堂　　　　　　　　　069
　第一节　从发现规律到建构数学　　　　　　　　　069
　第二节　从学习规则到建构模型　　　　　　　　　082

  第三节 从解决问题到问题解决   093

  第四节 从经历过程到感悟思想   099

  第五节 从能力提升到素养生长   105

  第六节 从回望来路到看清前路   115

第四章 技术篇：跳出工具看技术   123

  第一节 基于课堂观察的设计改进   123

  第二节 基于数学实验的系统优化   134

  第三节 基于项目式学习的整体提升   148

  第四节 基于主题整合的系列推进   154

第五章 评价篇：跳出课堂看评价   166

  第一节 发挥项目化评价的导向功能   166

  第二节 聚焦专项化评价的指导功能   170

  第三节 关注诊断性评价的导引功能   179

  第四节 凸显过程性评价的激励功能   183

附 录   189

  附录1 统整经验：从结构到建构

    ——"解决问题的策略（假设）"整合教学案例实录 189

  附录2 渗透数学思想建构数学模型

    ——"间隔排列与植树问题"整合教学案例实录 199

  附录3 千变万化乐学乘法

    ——二年级乘法单元活动课研课手记 210

  附录4 数学嘉年华设计师

    ——项目式学习活动方案 218

前　言
最美好的时光

央视曾做过一期节目，海采"最美好时光"。不同地方，不同人物都有着属于自己不同的美好时光。我不觉自问：作为教师的我，人生中最美好的时光是什么？

最美好的时光，对我而言，是在校园里。每天清晨，迎着晨光，踏着朝露，沐浴着暖暖的阳光，呼吸着清新的空气，聆听着朗朗的读书声。午后时分，和孩子们一起，时而漫步操场，时而围坐嬉戏，听着蛐蛐纵情唱歌，说着 N 多快乐小事。夕阳西下，校门口总是留下一道道依依不舍挥手作别的剪影。每每走在校园，总能看到一张张洋溢甜美、传递美好的笑脸，总有一群群孩子们甜甜地打招呼"王老师好！""王校长好！""早上好！""Good morning！"……校园海报栏，总有各式各样的新鲜资讯等待我们发现，总有各类特别的个性课程带给我们惊喜。美丽的心情，就如阳光般洒满每个角落。美好的一天，就如空气般充盈整个校园。

最美好的时光，对我而言，是在课堂里。带着欣赏、怀着期待，每一天都带着满满的幸福感与孩子们在数学世界相遇。我们常常在相互的启发中触动更多的思考。研究百分数，孩子们就会乐此不疲地探究有没有千分数、万分数；研究图形的面积，孩子们能够超越教材的思路，给出"三角形的面积 = 底 × 高 ÷ 2、三角形的面积 = 底 ÷ 2 × 高、三角形的面积 = 高 ÷ 2 × 底"这三种表达方式，并阐述不同的推导过程；研究用数对确定位置，学生会推而广之，在三维空间、四维空间、n 维空间，我们需要借助几个数确定位置……我们常常在相互的分享中感受到学习的乐趣。经过班级学生共同投票评选的数学"教授",应邀主持自主学习成果发布会,数学与信息、数学与科学、数学与美学、数学与未来……在小小的教室空间延生出无限的思考。我们常常在相互的鼓励中感受到真情的萦绕。班级中几十位学生有着不一样的学习进度、不一样的学习目标,也有着不一样的学习进程。既有个体学也有群体学,既有先学也有延学,不同的学习方式、学习进度的设计,来自我对于每一位学生持续的关注与个性的帮助。对于提前自学小学数学全部内容的学生,我从不吝啬对他(她)的佩服;对于学习后发展学生的任何一点进步,我公开表达对他(她)的欣赏。班级中每一位学生,都觉得数学是有趣的、好玩的,数学不仅有意义,也有意思。每一次外出学习归来,孩子们总是一拥而上,诉说短短时间里的长长思念。想念我,想念数学课,想念数学实验,想念数学故事,想念数学创造……每一个拥抱,都从小小的身躯传递给我无限的温暖。

最美好的时光,对我而言,是在书香里。教师的气质,往往源于书香的浸润。剪一段时光,共书香流淌。一杯香茗一盏灯,一段音乐一个黄昏,一本好书一段旅程。在书的世界里,与智者对话,与慧者交流,与行者共勉。从教育学到教育哲学,从心理学到儿童心理学,从课程论到教学论……在与书相约的日子里,视野逐步打开,思考拾级而上。从为教而教,到为学而教,到为人而教。从教的课程到学的课程,从学的课程到研的课程,从研的课程再到创的课程。对于"什么是数学?""什么是儿童?""什么是数学课程?""什么是数学教育?"有了更深入的思考与更生动的回答。于是,就有了"课程统整"的专题研究,有了"易数学"的系列建构,有了"项目学习"的项目设计,有了"自我迭代"的持续行动……

"只拣儿童多处行",我幸运时时与美好相遇。最美好的时光,不仅属于我,也属于每一个你。最美好的时光,书写在与梦想相约的日子里,记录在与儿童相遇的日子里,镌刻在与教育相守的日子里。与您通过本书相遇,对我而言是又一段美好时光的开启。

美好,既在过去坚实的脚印中,也在当下坚定的步伐里,还在未来坚持的行动中。

第一章
理念篇：跳出教学看教育

> 一个人的世界观带着他（她）观世界，一个人的价值观领着他（她）观价值。认知模式决定行为模式，思维方式决定行走方式。有什么样的教师观、学生观、课程观、教学观，就决定了教师有什么样的视野、站位、境界与格局，也决定了教学有什么样的价值、意义、策略与方式。

第一节　教师的位置

说起教师的位置，很多人都会想到讲台。而我在这里所谈的教师的位置，不仅仅指向物理位置，还指向心理位置。

一、对于学生成长而言，教师的位置是动态变化的

有时他（她）走在圆内

走在中间的老师，是长大的孩童，有着永恒的童心与可贵的童真。围绕一个专题，和孩子们共同思考；聚焦一个话题，和孩子们一起争辩；挑战一项任务，和孩子们协同合作。教师可以作为团队中的普通一员，和学

生一起经历操作、实践、猜想、验证的研讨全过程。在与学生的协同讨论中相互启发，提出自己的疑问、发表自己的观点、表达自己的立场。

有时他（她）走向圆外

静静地观望、深深地沉思，时而激动地鼓掌、时而会心地点头、时而疑惑地皱眉。远离权威、远离核心、远离讲台，让教师更清晰地看清教与学的意义，更立体地感受教与学的价值。以多边形的内角和的研究为例，当孩子们从四边形、五边形的研究中，在获得流程、获得技能、获得方法，也获得经验后，对于后续的其他多边形的研究，教师就可以做"那个坐在路边鼓掌的人"。走向圆外的教师，不急不躁、从容淡定、静待花开。敢于给予学生自主探索的空间，善于给足学生自主交流的舞台。李玉贵老师常说："上着上着教师就不见了。""不见"有时恰恰是更高层次的"见"。

有时他（她）就是圆心

以核心素养为半径，为儿童打开一扇窗，推开一扇门，带来一方新鲜的空气。领在前面的教师，让儿童看到不一样的世界、听到不一样的声音、感受不一样的思考、体验不一样的情感。走在圆心的教师，懂得"为未知而教，为未来而学"。当学生探究了多边形的内角和后，教师可以引导学生思考，有内角就会有外角。多边形的外角和又会是多少度呢？你是否愿意借助研究多边形内角和的经验开展研究呢？在教师的引导下，学生就能唤醒从简单想起的经验、借助从特例猜想一般的思路自主开展探索。

二、对于学科发展而言，教师的位置是三维立体的

在长度上能延展

学科知识是人类经验世界的智慧结晶，并非外乎于人而单独存在于客

观世界的。儿童的知识发展，在很大程度上会经历与科学家的知识发展相似的过程。学科知识的传承，需要教师引领学生进行再研究、再探索、再发现与再创造。在"乘法分配律"的探究中，无论是现实生活情境的创设，还是面积之和图示的嵌入，抑或是乘法意义模型的沟通，都帮助学生延展了其自主建构的知识的内涵与外延。

在宽度上能延伸

面对儿童这一整体的人群，面对生活这一整体的环境，教师需要建构一种超越学科、超越教学、超越学校的宽景视野。跳出学科看学科、跳出教学看教育、跳出学校看课堂。《握手的学问》《小鸭在哪里》《方与圆的秘密》《寻找最佳路径》《变与不变》等一系列聚焦学科核心知识而又跨越学科知识藩篱的主题研究课，给学生带来了不一样的学习体验。

在高度上能延接

儿童的数学研究应该走向哪里？儿童的数学研究可以走向哪里？我们的回答是学生能力所及之处即为学科研究所到之处。研究公因数与公倍数时，教师可以鼓励学生以小组为单位进行通过举例、观察、分析，提出属于自己的数学论点。五年级的学生通过讨论，就能发现大于3的质数都比6的倍数多1或少1。面对这样的猜想，学生不仅能通过不完全归纳法进行验证，更为可贵的是还能借助已有的关于偶数及3的倍数的知识加以证明。

三、对于自身成长而言，教师的位置是自我迭代的

对接过去与未来

对于教师个体的发展来说，每个教师都在用自己的速度、自我的方式书写一个个独特的成长方程式。每个时间与空间节点上的教师，都对应着此时此地的"我"，同时也连接着彼时彼地的另一个"我"。过去与当下的

"我"的高度、大小与趋势同未来的"我"发生着千丝万缕的联系。

连接内部与外部

教师这一个体，作为社会分工中独特的存在，时时都要立己达人。对内自我增能，通过学习、思考、行走与实践，不断书写个人发展的螺旋线，持续提升个体的人格修养与能力；对外重在赋能，通过自身的人格、学术、课程、课堂，不断描绘师生发展的共生线，持续培育儿童的核心素养。

连接学校与社会

教育是推动自然人到社会人成长的重要力量。作为教师，要站在立德树人这一教育的根本任务的高度，基于人类命运共同体这一全球格局的视域，面对人工智能这一全新时代的挑战，自我更新、自我发展、自我迭代，重新思考学科教学、学校教育，重新思考未来发展。

第二节　与儿童同频共振

翻开成尚荣先生的《儿童立场》，我不禁回想起成先生在一系列报告中多次强调的重要观点：儿童研究应该成为教师的"第一专业"。教师对于儿童的研究，不仅需要关注儿童需要什么，还需要研究儿童如何观察、儿童如何思考、儿童如何学习。成为儿童，才能更好地成就儿童。

一、像儿童那样观察

曾经看到过一则新闻，讲的是西班牙某慈善机构借助双面凸透镜改变光影的深度，从而推出了独具匠心的反虐童广告牌。成年人看到的内容是一个健康孩子的图像和警示标语，而身高1.35米以下的孩子看到的却是一个受虐儿童的形象以及求助热线号码。这个广告牌的设计，给我带来了深深的思考：教师只有蹲下来，与儿童一样高度时，才能看到真正意义上的儿童世界。

在"立体图形的认识总复习"中，基于儿童视角重组教材，以"立体图形分分类"这一大问题下的小组合作交流，引领儿童自主完善关于立体图形特征的认知结构。组内成员自主讨论，设定相关分类标准，将研究过的立体图形分成两类（如表1-1）。当作为活动设计者的教师，以儿童的观察视角进行开放性活动的预设时，就能关注到学生视野下的分类多样性远超过教师视角中的分类单一性。从面（是否含有曲面）、高（可以画多少条）、顶点（是否有顶点）、运动（能否通过旋转形成、能否通过平移形成）、侧面积（是否可以用底面周长乘高计算）、形状归类（是否为直柱体）等多个维度进行分类，就可以实现小组之间的相互分享、相互启迪。而在这样的开放视域下，立体图形的特征在辨析、对比、归类中，不断加以聚焦与强化，复习课的功能与价值也得到了充分的发挥。

表1-1 立体图形的分类

分类标准	第一类图形	第二类图形
面（是否含有曲面）	圆柱、圆锥	长方体、正方体
……	……	……

二、像儿童那样思考

教育是培养人的活动，是不断发现人、鼓舞人、引领人的过程。儿童作为成长中的人，既具有个体的独特性又具有发展的可能性。正因为每个儿童都是独一无二的，其思维方式与思维路径也不尽相同。正因为每个儿童都处于发展之中，其思维过程与思维结果还有待优化。回到儿童的思维原点，向不同路径出发，像儿童那样思考，教师就可以给儿童提供更有价值的帮助。

"圆柱与圆锥"练习中曾经出现过这样一道题："有一个圆柱形礼物，底面直径是20厘米，高是40厘米。如果用一个长方体纸盒包装它，至少需要硬纸板多少平方厘米（接头处不计）？"从成人思维视角来看，这个实际问题的数学原型是求长方体的表面积。然而，从儿童思维的起点出发，我们就会发现，除了正解之外还有诸多可能路径。儿童究竟是如何思考这个问题的？他们的视觉盲区又会出现在哪里呢？当我们尝试像儿童那样思考时，几种可能的错误思路就在头脑中逐步清晰起来：一是"用长方体纸盒包装"与"用长方形纸包装"相混淆，因而求了圆柱的侧面积；二是受"至少"这一表达的影响，求了无盖圆柱的表面积；三是审题不清，求出了圆柱的体积。从儿童的思考反观儿童的答案，这三种情况基本涵盖了学生的错误思路。"解铃还须系铃人"，错误从哪里来，还需要从哪里改。因此，练习讲评不是简单地告知儿童正确的思路，而是让他们从错误中体悟——"我应该注意什么？出错的原因是什么？我如何避免同类的错误？"

三、像儿童那样学习

教育的目的，是让人成为他自己，学以为人、学以成己。随着人们对学习理论越来越关注，对教学的研究正逐步转变为对学习的研究。教学的设计，需要从对儿童学习的认识开始。

人在婴幼儿时期就能通过主动学习来认识周遭世界。儿童是以自己的方式探索、认识这个世界的，并在这个过程中成长和发展自己。儿童的学习并不仅仅止于理解词语、学习动作、习得技能、获得体验，还在学习过程中逐步形成属于自己的"理论"。

像儿童那样学习，意味着教师要将自我置身于"儿童学习的场景"，充分考虑儿童想要研究怎样的问题？儿童期待用怎样的方式展开学习？儿童喜欢的学习路径是什么？在自主学习中儿童会遇到怎样的困难？儿童可能形成怎样的"理论"？在"商不变的规律"的探寻过程中，儿童就可以从相关算式的观察中发现可能存在的规律，同时通过大量举例，不断验证自己头脑中的想法，从而形成"被除数和除数同时乘或除以相同的数，商不变"这一"儿童理论"。通过同伴互学、团队共学，还会进行理论的自我完善，提出"相同的数不包括0"。而随着学习的继续推进，认识了分数和比之后，学生还会发现商不变的规律、分数的基本性质、比的基本性质存在着高度的一致性，从而自主对"自我理论"进行扩充与统整。而当学生继续研究了正比例关系后，教师还可以引导学生深入思考几者之间的关系，并聚焦内在的连接点，为后续函数知识的学习建构通道。从单点结构水平走向多点结构水平，进而达到关联结构水平，甚至达成拓展抽象结构水平，实现深度学习的持续推进。

教育，需要回到原点。这个原点，就是人。从原点出发，尊重儿童、发现儿童、成为儿童、成就儿童，我们仍然在路上。

第三节　用设计思维教与学

《IDEO，设计改变一切》是一本设计思维领域的畅销书。IDEO公司是最早推动设计思维商业化的公司之一。从该书中，我们可以了解到设计思维在商业化运作中展示了其非同一般的魅力。而我，则想从教师的视野谈谈如何用设计思维改进教与学。设计思维的核心精神是以人为本的设计。在我的理解里，设计思维需要从用户思维、用户视野、用户心理出发，变需求为需要，变想法为做法，变创意为创造。

一、基于设计思维重组内容

谈到教学内容，很多教师就会想到教材。教材是依据课程标准编制的、系统反映学科内容的教学用书。基于设计思维重组内容，不仅要关注教材的"序"，还要关注学生的"需"，并在"序"与"需"中找到关系并建构关联。

小学数学教材中安排了认识公顷和平方千米的内容。在设计思维的视野下，基于学生对于常用面积单位的已有认知基础与相关学习经验，可以将小学阶段涉及的所有面积单位进行有机统整。引导学生回忆平方厘米、平方分米、平方米的学习过程，在回忆中对比，在对比中建构，在建构中拓展。一方面，学生已经拥有了"边长为1cm的正方形面积是$1cm^2$、边长为1dm的正方形面积是$1dm^2$、边长为1m的正方形面积是$1m^2$"的认知经验；另一方面，在测量大厅、操场、学校、广场等的面积时，引发创造了更大面积单位的实际需求。而在这样的经验迁移中，借助边长为10m、100m、1000m的正方形，学生就能经历"公亩、公顷、平方千米"这些面积单位的再创造、再发现的全过程。原本易于混淆的各个面积单位之间的进率，也从告知走向了理解，从记忆走向了建构。

二、基于设计思维调整方式

爱因斯坦曾说："如果只给我1小时拯救地球，我会花59分钟找准核心问题，然后用1分钟解决它。"思维方式的不同，决定了解决问题方式与路径的巨大差异。从设计思维出发，教师不能把自己定位于既有产品的发布者，而更应与学生携手成为产品的设计者。

复式统计表这一内容，很多教师都非常熟悉。从单式统计表到复式统计表，是学生认识事物的又一次飞跃。而这一飞跃，如何把传统讲授的方式转变为师生共创的方式呢？充分运用教材上的 4 个单式统计表，也可以变复制为创造。"从这些表格中你能找到哪些数学信息？哪些信息比较容易获取？哪些比较困难？"学生会发现涉及单个表格的专项信息比较容易提取，而涉及多个表格的概览性问题，从分散的表格中很难快速而准确地提取信息，从而催生出自主合并表格的需求。在合并表格的过程中，师生共同从复式统计表的雏形出发，持续删减重复内容，不断进行优化，并最终形成复式统计表的范本样态。这样的方式调整，既有同理心的观照，又有需求的激活，还有创意的激发、模型的建立，并最终形成对于复式统计表的价值、结构、内容方法的整体认知。

三、基于设计思维建构流程

流程改变，效果改变。用设计思维教与学，需要从儿童的角度出发，不断激发儿童学习的内生需求，不断激活儿童学习的自我动能，实现个体学习与群体学习的效能叠加。

"立体图形的表面积与体积"的复习一课，一般的教学流程是回忆立体图形的表面积、体积的概念，整理立体图形表面积的计算公式，回顾立体图形的体积计算公式及其推导过程，然后进行分层练习。基于设计思维进行流程重构，只需以一张长 8cm、宽 6cm 的长方形纸为研究载体，就可以进行小组合作，创造出不同的立体图形，并以此展开表面积、体积的整体复习与练习（如表 1-2）。

表 1-2　立体图形的表面积和体积

变化的方式	形成的图形	研究的内容
向上平移 5cm	长 8cm、宽 6cm、高 5cm 的长方体	长方体的表面积、体积

续表

变化的方式	形成的图形	研究的内容
在四角分别剪去边长为1cm的正方形，成为无盖长方体的展开图	长6cm、宽4cm、高1cm的长方体	长方体的表面积、体积
先剪裁为边长6cm正方形，再向上平移6cm	棱长为6cm的正方体	正方体的表面积、体积
以8cm的一边为轴旋转360°	底面半径6cm，高8cm的圆柱	圆柱的表面积、体积
以6cm的一边为轴旋转360°	底面半径8cm，高6cm的圆柱	圆柱的表面积、体积
剪裁为底8cm、高6cm的直角三角形，再以8cm为轴，旋转360°	底面半径6cm，高8cm的圆锥	圆锥的体积
剪裁为底8cm、高6cm的直角三角形，再以6cm为轴，旋转360°	底面半径8cm，高6cm的圆锥	圆锥的体积
剪裁为底8cm、高6cm的直角三角形，再向上平移5cm	底面为底8cm、高6cm的直角三角形，高为5cm的三棱柱	三棱柱的表面积、体积
剪裁为上底为4cm、下底8cm、高6cm的直角梯形，向上平移5cm	底面为上底为4cm、下底8cm、高6cm的直角梯形，高为5cm的四棱柱	四棱柱的表面积、体积
……	……	……

在开放的场景中，平移、旋转、翻折等多种运动方式的加入，使得原本普通的一张纸发生了神奇的变化。而在多样的变化中，长方体、正方体、圆柱的表面积，圆锥、长方体、正方体、圆柱甚或直柱体的体积，也不断凸显其独特价值。融概念、公式、运用、对比、联系于一体，既有自我创造的体验，又有知识链接的体悟。

第四节 "有意义"与"有意思"

《从有意义到有意思：〈新周刊〉生活观》是《新周刊》20周年系列

丛书之一，书中精选了《新周刊》创刊 20 年以来关于中国人生活方式的文章。而我这里要说的"有意义"与"有意思"，是从教育的角度来谈谈数学的"有意义"与"有意思"。

一、好的教学内容应该是"有意义"的

教学内容的"有意义"体现了其价值性。1859 年，斯宾塞曾经提出一个著名命题："什么知识最有价值？"这个命题至今都具有非常重要的现实意义。从信息化时代到智能化时代，知识持续以几何级数的增长速度进行裂变。有限的时间与精力和海量的信息与知识，完全无法精准匹配。在个体生命的长河中，学习必要的、重要的知识，成为内容选择的重要原则。必要的知识——是人类认识世界的普适化的、基础性的知识；重要的知识——则是个体探索世界的个别化的、差异性的知识。

从这个角度来说，对于教学内容的选择，"有意义"应当成为第一法则。《为未知而教，为未来而学》的作者戴维·珀金斯在书中数次谈到二元二次方程的例子。从现实情况来看，或许很多人终其一生在生活中都不会使用二元二次方程解决实际问题。但是如果我们关注到二元二次方程的学习，可以帮助学习者建立起关于方程的全局认知，就会读懂知识的意义。知识获得的背后是认知方式，而系统思维、全局认知，恰恰是二元二次方程这个看似无用的知识所承载的重要价值。在小学数学教学内容中，类似的实际生活中用得少、但对于学生形成整体认知结构大有裨益的内容还有很多。比如公顷和平方千米，作为土地面积单位对于个人而言，在后续的生活中不一定高频使用，但是借助面积单位的创造原则进行不断推广和延伸，对于培养学生的系统性思维与全局性认知起到了非常重要的作用。

二、好的学习内容应该是"有意思"的

对于小学阶段的儿童来说，学习内容"有意思"比"有意义"似乎更为重要。"有意思"，不仅在内容上呈现出"有料"，还会在体验中感受到"有趣"。

苏教版四年级数学上册的"可能性"就是这样一个"有意思"的学习内容。编者设计的是摸球游戏的情境，在一个口袋中装有 1 个红球、1 个黄球，请同学们在这个口袋中任意摸一个球，可能摸到什么颜色的球？借助生活中的游戏经验，学生能够预想任意摸出 1 个球，可能是红球也可能是黄球。而在后续的"有意思"的摸球活动中，学生能够充分感受到随机现象的特点。每次摸 1 个球，可能摸到红球，也可能摸到黄球。上一次的摸球结果，对下一次没有影响。每一次摸球，都是一个独立事件。随后编者安排了一个装有 2 个红球的口袋，在这个口袋中任意摸一个球，会是什么球呢？借助已有的实验经验，学生能够感受到每次摸出的可能是这个红球也可能是那个红球，但摸出的一定是红球，不可能摸到黄球。这样，就在认识随机现象的基础上，进一步对确定性事件与不确定性事件有了深刻的体验。

在可能性的学习中，这样"有意思"的学习内容还有很多。除了教材上的摸球游戏，还可以设计摸牌、掷色子、转盘游戏、抛硬币实验等等。同时，还可以介绍教材中"你知道吗？"中著名科学家进行的抛硬币实验中正面朝上、反面朝上的数据，帮助学生进一步感受随机事件的特点以及可能性的大小。

三、好的研究内容应该是既"有意义"又"有意思"的

谈到"有意义"和"有意思"，很多人都会觉得两者似乎是对立的。

有意义,更关注价值;有意思,更聚焦体验。尽管在课堂中我们始终都在教授已知的知识、已经验证过的事实和已经确立的法则,这些内容都以"有意义"为重要的遴选法则。但这些知识以什么样的形态在儿童面前呈现、以什么样的方式在儿童眼前展开,可以由教师和学生共同商议、共同创造。而这样的调整与改变,就可以让知识在"有意义"和"有意思"之间建构桥梁与链接。

"3 的倍数"的特征这一内容,是学生后续学习质数、合数、互质数等知识的重要基础。如何让发现"3 的倍数"的特征的过程不仅承载"有意义",还能呈现"有意思"呢?基于已有的对于"2 的倍数""5 的倍数"的特征的认识,学生很容易借助联想提出"个位上的数是 3 的倍数,这个数就是 3 的倍数"这一猜想。在进行验证时,因很快发现反例从而判断此猜想不成立。看来"只看个位"此路不通,学生自然而然地想到还需要关注其他数位上的数。借助计数器摆一摆"3 的倍数",会不会有新的发现呢?在操作、观察、比较、归纳中,学生通过此次合作与分享就能发现"3 的倍数"的特征。

而高层次的"有意思"不会仅仅停留在感性的操作层面,还会进入理性的思考层面,从"是什么"的现象走向"为什么"的追问。通过讨论与交流,学生能用自己的方式进行初步的推理论证。以三位数为例,百位、十位、个位上的数分别为 a、b、c,那么这个数就是"$100a + 10b + c = 99a + 9b + a + b + c$"。99a 和 9b 都是"3 的倍数",所以只需要讨论"$a + b + c$"是不是"3 的倍数"。而任意多位数亦同此理。

而在这样的过程中,内容与价值层面的"有意义"和过程与体验维度的"有意思"交相辉映。好的教学就应该让"有意义"和"有意思"交织在一起、融汇在其中。让教学发端于有意义,展开中有意思,延伸后有意蕴。

第五节 迭代中的课堂

相互作用、不断演化是自然界的进化法则，持续迭代正是这种法则精神实质的具体表现。生物进化需要迭代，产品更新需要迭代，自我成长需要迭代，课堂改进也需要迭代。迭代以持续改善为核心，从微变到巨变，实现量的扩展与质的升华。

一、基于技术的改进

我们生活在一个瞬息万变、日新月异的时代。从互联网到"互联网+"，从万物互联到人工智能，人类迈入了物理空间、社会空间与信息空间共同组成的多元化结构世界。跨越学校的围栏、穿越教室的格栅，无限丰富的资源、海量可用的信息，正在让世界成为打开的教科书，让宇宙成为学习的全课堂。

在弱人工智能走向强人工智能、进而实现超人工智能的发展进程中，传统的课堂必须进行自我迭代。技术的持续创新，引发的不仅仅是沟通方式、生产方式和生活方式的改变，更重要的是思维方式的改变。借用计算机语言来表达，课堂进化需要"新算法"。一方面，课堂的改进可以有选择地直接应用各类技术创新成果，如智慧黑板、电子图书、可穿戴设备、语音录入软件、自动化测评系统、AR/VR 所构建的沉浸式交互情境、支持个性化的学习平台、自适应的跟踪指导系统、在线答题系统、慕课、微课等；另一方面，课堂的改进更需要将机器的深度学习理论拓展到人类学习之中。从系统论、整体性、个性化的基本观点出发，建构结构化的组织、模块化的架构、立体化的呈现、情境化的体验、差异化的推进，夯实深度学习的内容基础、结构基础、过程基础，帮助学生从学习结果的前结构水平、单一结构水平走向多层结构水平、相关结构水平甚至拓展抽象水平，实现知识、能力、情感、思维、思想的整体提升。

二、基于问题的改良

自20世纪美国教育家西尔伯曼出版《课堂的危机》以来，对于课堂的研究与改进成为世界性的课题。随着课堂教学改革的演进，大量的新模式、新方法、新流派、新流程呈现出百花齐放的研究态势，但"知识中心、课堂中心、教师中心"的传统课堂样态在现实课堂中仍然存在。

课堂的目标指向是人的成长，而成长既有共性的规律，又有个性的特点。课堂研究，不仅仅要研究为什么教、教什么、怎样教、教得怎么样。从课堂走向"学堂"，是课堂转型的核心。因此，更要花"大力气"研究为什么学、学什么、怎么学、学得怎么样。

我们尝试以学生的视野重新理解学习，以学生的名义重新定义学习。在课堂改进中，从学习者与自身、与他人、与群体的关系出发，着重研究"三学"。"个学"关注学习者的个体学习、个别学习与个性学习，让学习的展开从每一位学生的实际需求、实际基础与实际情况出发，经历自主探索、自我对话、自我反思的过程。"互学"关注学习者的同伴学习、相互学习与"从游"学习，让学习的深入在学习者与同伴的相互分享、相互启发、相互帮助中实现。"合学"关注学习者的小组学习、团队学习、社群学习，让学习的增能在学习者与团队其他成员（包括教师）的分工、合作、互动、对话、分享中产生。在这样的课堂行进过程中，学生与教材对话、与自我对话、与同伴对话、与教师对话、与团队对话，深化已知又拓展未知，自我赋能又团队增能，实现知识的增长、技能的增加、情感的增强与思想的增值。

三、基于素养的改革

学校的使命是奠定每一个学习者学力发展与人格发展的基础。2016年9月，《中国学生发展核心素养》框架出台。从学生发展核心素养到学科核心素养，需要学校管理者及学科教师从理解层面走向行动层面。素养导向的教育改革更为重视课堂教学的变革。核心素养的提出，意味着课堂要从"知识传递"走向"认知升级"，实现真正转型。

《普通高中数学课程标准》明确提出了高中数学六大核心素养，即数学抽象、逻辑推理、数学建模、直观想象、数学运算与数据分析。从高中课标看小学数学，也很受启示。以小学数学学科为例，培养学生的核心素养，需要聚焦核心内容、设计问题情境、激发群体参与、推进深度探究。

乘法是"数的运算"这一核心内容的重要组成部分。教师可以通过设计指向核心内容的大问题，创设聚焦素养提升的大情境，激活学生自主简化、自主创造、自主表达的需求。围绕各种创新写法展开的讨论与争辩，恰恰是对于核心知识内涵与外延的关注与聚焦，也是对于数学本质的观照与强调。乘法的规定表示方式及其数学本质意义，从静态的呈现走向了动态的创造。而在这样的过程中，课堂从传统的"知识教授"转变为"知识共创"，学生也从一般意义上的被动参与者转变为主动投入者，学习就从单一维度的传递转变为多向立体的共建。

让每个孩子享有公平而有质量的教育，需要每一所学校都有所作为。而学校教育改革的核心在于课堂教学的改革。迭代中的课堂，只有进行时，没有完成时。课堂转型再出发，我们任重而道远。

第二章
课程篇：跳出学科看课程

> 教育最为核心的理念，是关于人的成长的理解。学校最为重要的产品，是为学生提供的全部课程。教师最为独特的行动，是关于课程的自我建构。课程的全部意义在于育人。这就需要我们走出狭义的课程定义，迈向更为广阔的课程理解，全面关注学生在学校生活中所获得的对人生意义的体验、对学习价值的体会和对生命成长的体悟。

第一节　课程理解：从课改到改课

《人民教育》2012年第1期刊登了国家督学李希贵的《2012年关注什么?》，文中这样撰言："认真审视和反思当下的教育现实，我们不得不承认：本轮课程改革实际上仍然停留在国家政策的层面，当深入到校园里的时候，你会发现：给校长老师们留下的基本上只是'改课'的空间。从'课改'到'改课'，颠倒的不仅仅是字序，而是课改的精髓和本质。"李希贵校长的这篇文章，写在2012年的开初，十多年之后再看这段话，对于我们而言，仍然能带来新的思考。

课改是宏观的视野，改课是微观的视角。课改，改的是课程的结构、设置、功能、目标、内容、实施。改课，改的是课堂的组织、模式、目标、流程、评价。课改与改课，一个是母集合、一个是子集合，从这个角度来说，两者并不矛盾，也不对立，而是相互依存的关系。没有课改引领的改课，是盲目低效的；没有改课支撑的课改，则是泛化空洞的。

一、还原目标：有意植入思想

1. 高屋建瓴的思考

课改，究竟为什么要改？改什么？究竟怎么改？不仅是教育行政部门、教育科研部门需要回答的问题，也是每一个一线教师必须要面对的哲学本源问题。从一线教师的角度来思考，课改是一种现实的必需，是面向现在、面向未来的发展之需；是面对儿童、面对生命的关怀之需。面对新的课标、新的教材，教师所能做的不应该只是按图索骥，更多的应是关注功能转变、内容转变之下的学生学习方式的转变。

2. 儿童在场的思辨

课堂是什么？课堂应该是一片生命的林子，每一棵树都能饱吸阳光、感受雨露、拔节生长。课堂中，不应该只见学科，不见生命；只见部分，不见整体。每一个学生的个性都得到健康充分的发展，需要教师把"文本课程"激活为适切每一位学生发展的"现实课程"。

3. 数学学科的思想

日本学者米山国藏说："在学校学的数学知识，毕业后若没有什么机会去用，一两年后，很快就忘掉了。然而，不管他们从事什么工作，唯有深深铭刻在心中的数学的精神、数学的思维方法、研究方法、推理方法和看问题的着眼点等，这些都是随时随地发生作用，使他们终身受益。"

从这个意义上来说，数学改课之法就是紧扣生命之魂——儿童的生长、儿童的生命，紧扣数学之魂——数学的精神、数学的思想。

二、还原内容：有意整合教材

"教什么"比"怎样教"更重要，曾经作为一个论点广泛得到教师们的认同。"教什么"对于很多教师来说，就是教教材。仅仅是教教材吗？一定是教教材吗？如果教师能够多问几个"为什么"，追问几个"是什么"，可能会得到更有价值的回答。

1. 学校数学、街头数学的有意对接

儿童不是空着脑袋走进课堂的，而是带着生活中各种各样的对于数学的理解进入课堂的。在国外研究中把这种大众生活里的数学称为"街头数学"。在现实生活中，儿童已经在自觉或者不自觉中获得了很多带有数学元素、数学味道的实践经验。比如：在购物中获得了从整体中减去部分的经验；在分配食物的过程中获得了多、少、同样多的经验；在行走中获得了远、近的经验；在比较中获得了大小、多少、轻重的概念……在这样的实践中，儿童就获得了许多非正式的、非形式化的数学知识。

事实上，数学不仅仅是教室中的活动，更是一种社会性的活动。数学不仅仅是在学校中的书本知识，学生的数学学习也并不是独立于他们所生活的复杂社会环境中的一个体系，家庭、公园、商店里都可以是数学课堂。虽然在此过程中儿童获得的经验不一定是完整的，也不一定是科学的，但认识到"街头数学"与"学校数学"的关系，发挥其促进作用，修正其促退作用，对于教师而言无疑是必要的。学生的数学学习就是让这种新旧知识之间有机地连接起来，让他们的经验与教材内容发生交互作用，对他们生活中有关数学现象经验进行总结，并得到升华。

2. 数学内部系统元素的有意链接

美国心理学家奥苏伯尔提出了"认知—接受"学习理论，他认为："学习过程是新的学习内容在主体控制下与原有认知结构相互作用，形成新的认知结构的过程。"事实上，学习是在学生原有知识经验基础上的自我建构，学生头脑中的知识结构组织得越好，就越利于保存和应用。而教材在呈现数学知识的时候，由于文本表达的局限性，这些结构关系往往被"遮蔽"。因此"教材知识"要转变为"教学内容"，还需要教师的"系统化加工"。

以逻辑见长、以系统为征是数学固有的特点。秉承数学的特质，小学数学的学科性质同样系统缜密、条理清晰，是整个知识体系中的基础链，它有将生活的经验作前奏，也有将已学的知识作延续。纵观我们现行的数学教材，它们在知识内容的编排上具有联系性和发展性，一些知识的构建往往不是一蹴而就的，而是经过阶段性的孕伏和铺垫，在学生建立了一些认知表象和积累了一定的知识原型后得以完成。教学中，教师要引导学生在日常的学习中将数学知识串联起来，使孤立的、分散的、繁杂的知识形成一个有机联系的、完整的知识体系。如整数、小数和分数加减法，无论是数位对齐，还是小数点对齐，抑或是先通分再计算，其数学本源是相同的，也就是相同计数单位的数才能直接进行加减。

3. 数学单元整体教学的有意环接

基于系统论的观点，整体观照、融会贯通，形成的是一种大数学的结构观，所引发的是大课堂的教学观。这样的课堂，没有死板的教材课时的限定，没有单一的教学内容限制，有的是数学思想主线的引领与单元主题教学的呈现。

以面积计算为例，就可以进行整体建构。苏教版四年级下册"多边形的面积"单元是这样进行课时划分的：平行四边形的面积计算1课时、三角形的面积计算2课时、梯形的面积计算2课时。教材是在学生已经认识了这些平面图形基本特征的基础上，通过把新图形转化为已经研究过的图形，等积变形，从而推导出平行四边形、三角形、梯形的面积公式。在教材处理上，教师能否有自己的思考并把这样的思考转换为实践呢？"变与不变"成为单元教学的主题,原本 5 课时的内容被重新划分。第一课时重在感悟转化的思想方法。

具体设计如下:

(1) 链接经验

回顾已经研究过的平面图形的面积公式,同时想办法将新问题转化为已解决的问题,类似如图 2-1 的面积比较问题。

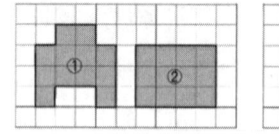

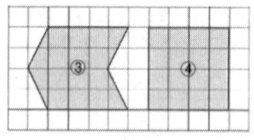

图 2-1

(2) 尝试转化

尝试解决平行四边形的面积计算问题,如图 2-2。

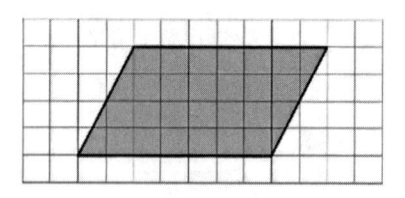

图 2-2

交流转化过程:

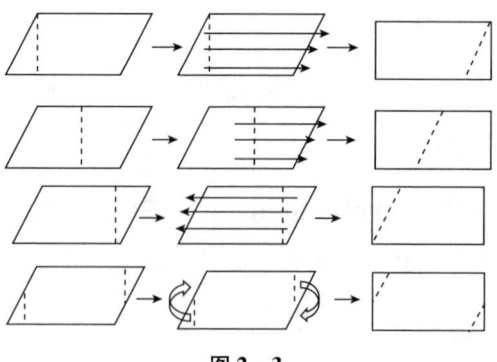

图 2-3

如图2-3，比较异同，得出结论：无论是怎样的平行四边形，无论进行怎样的操作，都是把平行四边形转化为长方形计算面积。转化后的长方形的长等于原来平行四边形的底，转化后的长方形的宽等于原来平行四边形的高。因为"长方形的面积＝长×宽"，所以"平行四边形的面积＝底×高"。

（3）拓展升华

推进研究，分组进行三角形和梯形的面积公式推导。

交流转化过程：

①选择两个完全一样的三角形，转化为平行四边形，如图2-4。

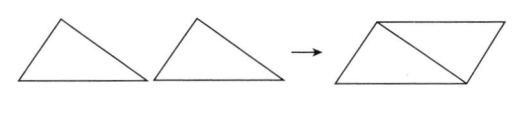

图 2-4

②选择两个完全一样的梯形，转化为平行四边形，如图2-5。

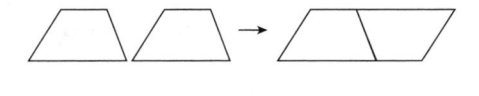

图 2-5

③选择一个三角形转化，为平行四边形（或长方形），如图2-6。

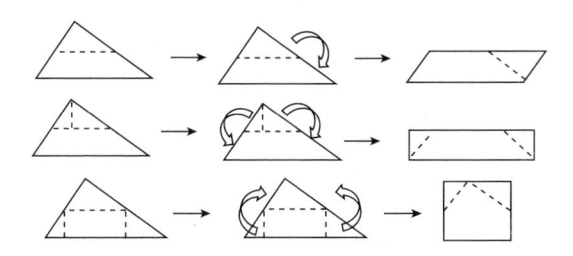

图 2-6

④选择一个梯形，转化为平行四边形（或长方形），如图 2-7。

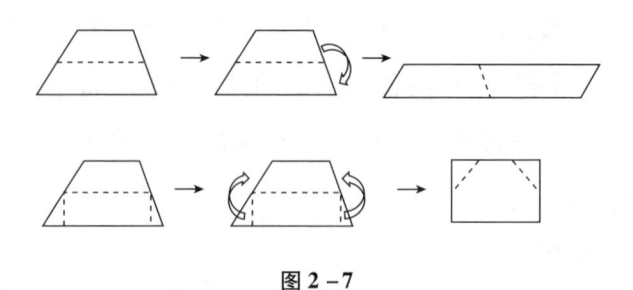

图 2-7

比较异同，得出结论：在面对新问题时，都是将新问题转化为旧的问题进行思考。在变化过程中，虽形状改变，但面积没变。

因为有了这样的大主题单元的设计，各类图形之间建立起了一种必然的联系。这样的联系，不在于知识之间的上位与下位关系，而在于思想方法的一以贯之。在这样的课堂中，教师所关注的不仅仅是知识与技能的获得，更为重要的是聚焦儿童的一种经验建构，一种自我发现的情感体验，一种不断生成发现的创新激活。一种思想方法，不仅能解决一个问题、一类问题，甚至能解决多个领域的问题，而这样的一种过程，儿童感受到的不仅是数学好玩，还能深切体会到数学有用。"思则变，变则通，通则达。"面对学生不断的创造、不断的发现，教师可以引导学生继续思考，把散落的点，连成方法的链，从而形成思想的体。

三、还原过程：有意导航活动

1. 心中有"数" VS 目中有"人"

正如世界上没有完全相同的两片叶子一样，教室中也不可能有完全相同的两个儿童。不同的学习基础、学习能力、性格态度、气质心理，决定了教师在教学中所面对的无限可能。

（1）让儿童成为儿童

数学课程改革的一个总方向，就是让数学教学回归教育的本体——儿童，关注儿童的生活，追求儿童的可持续发展。儿童的数学学习是基于自身经验，用自己独特的思维方式进行意义建构的过程。儿童的数学学习，在实践中进行，在活动中感悟，在经历中习得，在反思中升华。儿童学习的是有价值的数学，数学有用，数学有趣，应该成为儿童数学的基本情感体验。

（2）让成人作为儿童

儿童有儿童的天性，儿童有儿童的长处，儿童有儿童的优势。儿童的好奇心、创造性、求知欲，对于成人而言都是可以学习的巨大宝藏。基于儿童视角建立数学课程，基于儿童心理设计教学，小学数学教师应该不仅是姓"数"，而且姓"小"。蹲下来看儿童的教师，拥有公正心、拥有同理心，与儿童共同合作、共同研究、一起享受成长的快乐。

（3）在儿童与数学之间

从课程形态上来说，数学是一门学科；从课程实施而言，数学又是面对活生生儿童的个性化的教与学的过程。课改视野下的数学课堂，不仅关注数学学科本身，同时关注数学学习者——儿童本身。无视儿童，带来的是一种填鸭式的机械植入；无视学科，带来的是"食物安全"的危机。儿童立场与数学本质，是小学数学课程建构、小学数学课堂实践的必须立足点。

2. 知其必然 VS 知其所以然

（1）从"是什么"走向"为什么"

数学是什么？数学是研究数量关系和空间形式的科学。数学仅仅是概念、公理、规则、定律的集合吗？数学不应仅仅是静态的、冰冷的知识呈现，更应是动态的、火热的探究过程。教学不应止步于"是什么"，教师也不应满足于使学生了解"是什么",而应帮助学生走向"为什么",更多给予学生发现自我、发现数学的机会,给予学生探究规律、实践研究的空间。

如"探索图形覆盖中的规律",通过实验操作感受到变量之间的关系,教师不仅要引导学生关注"是什么",更要引导学生思考"为什么"。可以设疑:"如果总数是18张,每次框出6张,一共有多少种不同的拿法?不操作,能保证猜对吗?"在这里,对于不同层次的学生,虽然都能猜中,但思维的水平层次是有高低的。有的学生是仅通过观察数据,从数据的变化中寻求出不变的关系;有的学生是在头脑里多次移动方框,在平移中发现"平移的次数=总数-每次框的个数",而有的同学是在头脑中仅仅放置一次方框,就能理性思考,方框外面有几个数就要平移几次,操作活动真正内化,并建立起清晰鲜明的表象。这样的交流,揭示了数学直觉背后所隐藏的本质联系,为学生从动作思维上升到表象思维,进而提升到抽象思维提供了很好的支撑。而殊途同归获得的"总数-每次框的个数+1=一共的拿法"这样一种函数关系,在变量与变量之间建构出了一种稳定且不变的联系,就是一种数学模型。这样的教学经历了感性发现与理性思考,学生不仅找到了规律,而且知道了规律存在的原因、规律存在的必然性。

(2)从"是这样"到"还会怎么样"

著名心理学家维果茨基就教学与发展问题,创造性地提出了两种发展水平的思想:第一种水平是现有发展水平(也称现有发展区),第二种水平是最近发展水平(也称最近发展区)。维果茨基强调指出:"只有当教学走在发展前面的时候,才是好的教学。"因此教学需要在丰富的、变化的情境中,为学生从生活问题中发现数学问题提供条件。在教学过程中,应让学生在头脑中对类似现象加以回顾,抽象概括后统一整合到数学模型中,培养学生的抽象概括能力,同时从生活中寻找丰富的数学原型,也反过来有利于建构对数学模型的表象支撑系统。

如"积的变化规律"的教学，在探究得出"一个因数不变，另一个因数乘几，积也乘几"的规律之后，可以引导学生进行思辨："一个因数不变，另一个因数除以几（0除外），积是不是也除以几？""一个因数乘一个数，另一个因数除以一个数（0除外），积会怎样变化？"不断思考、不断改进、不断建构。同样在"商不变的规律"教学之后，学生也能触类旁通，尝试研究"商的变化规律"。

（3）从"一定这样"到"一定这样吗"

数学知识的建构，一方面是学生主体与客体的相互作用的过程，这个过程是主体主动的思维活动，此过程大体上经历了观察、比较、分析、综合、抽象、概括等几个阶段；另一方面是学生主体认知结构的重新组合过程，这个过程是主体的认知结构的"同化"过程。前者是概念的形成建构过程，后者是概念的同化建构过程。同化与顺应的过程展开，需要教师精心设计，精心设疑，精心设问。

华应龙老师在"圆的认识"一课中，以寻宝行动拉开探究序幕，"宝物在哪里"这个巧妙的问题，不仅让学生回答了探讨的问题，而且凸显了圆心定位置、半径定大小的重要知识点。更为可贵的是，华老师匠心独具地用开启智慧的五把钥匙贯穿全课："是什么？""为什么？""怎么做？""为何这样做？""一定这样吗？"[①] 这五个问题设计，让学生们经历了数学研究的全过程。最让人觉得精妙之处就在于"一定这样吗？"，质疑的精神、批判的视角、自我否定的勇气，于心灵深处荡漾开去。

3. 群体化思考 VS 个性化思维

（1）不妨建立"伙伴学习群"

伙伴学习群是由学习者（学生）和助学者（教师或学习先发展学生）

---

① 华应龙．我这样教数学［M］．武汉：长江文艺出版社，2020：197－209．

共同组成的，以完成共同的学习任务为载体，以促进成员全面成长为目的之组织。很多教师在班级中设立了学习小组，但是从学习小组到伙伴学习群，还有一定的差距。伙伴学习群，具有明确的目的性、较强的组织性、多元的结构性，是一个较为稳定的固定组织，是以学生亚文化为特征的社会群体，以教学活动方式为主要特征的共同活动的主体，以直接交往为特征的人际关系系统。

在建构伙伴学习群的过程中，助学者的身份不是固定的，而是根据任务的难易、问题的领域、认知结构的完善程度进行身份确定的。如，数的运算部分的任务引领者，可能是 A 同学，而形体的研究部分，将改换为更为擅长此领域的 B 同学；研究新内容时，助学者的角色是具有创新精神的 C 同学担当，而复习旧知识时，是系统化思维能力更强的 D 同学。

学习者彼此之间的交互活动会对其认知活动产生促进作用。而这种互动，不应是传统的小组内的交流形式，即你问我答、你说我听、你做我看，而应该从两点相连的线状，拓宽为点点相连的网状，通过中心发言者、补充发言者、辩论者、总结者等多个角色之间的互联沟通，形成共识，也就是小组的群体意见，修正或保留小组内的少数个人意见。

（2）不如推进"差异引领式"

每个学生都是一个特殊的个体，在他们身上既有着发展的共同特征，又表现出巨大的个体差异，差异使学生的发展处在不同的起点上。"没有差生，只有差异"已经成为很多学校的办学理念，而这样的理念移植到课堂，对于教师而言也是一个不小的挑战。关注群体学生的共性，更要关注个体学生的独特性和差异性，应该成为教师教学设计的起点。当教师把学生看成是一个个具有个人特点、具有自己志向、具有自身性格特质、具有可生长智慧的独立的人的时候，这样的课堂才会焕发出人性的光辉与学科的魅力。学生已有的经验是教学得以展开的"基础性资源"，学生已有的差异在任何时候、任何情况下都不可避免，它不只是教学要面对的事实，而且是互动中不可缺少的"互动性资源"。学生在课堂上的状态和行为是不同程度的"生成性资源"，而尊重差异、正视差异、应用差异、引领差异、发展差异，应该成为教师的课堂教学的基本功。

以"搭配"而言，教师可以尝试进行开放性探究，给"差异"一个"从幕后走向台前"的机会。当搭配的实际情境出现后，学生可以借助图片摆一摆、画一画，也可以写一写、算一算，找到一共有多少种不同的搭配方法。由于活动的要求是开放的，活动的空间是开放的，因此不同的孩子在同一问题情境中真实地展现了差异。有些同学停留在操作思维阶段，他们需要借助实物图片摆一摆；有些同学能借助文字、数字、字母、符号、图形等通过连线来解决；还有些同学能借助文字、数字、字母、符号、图形等通过列举来思考（有些是有序的，有些可能是无序的）；当然也有可能是通过符号化或文字化的列表来解决；最高层次的孩子已经能借助形象、表象进而抽象出数量之间的具体关系，用乘法模型进行计算。

当差异与我们如约而至时，需要教师根据学生水平层次的不同，引导汇报交流的顺序。在一一展示与分层交流的过程中，教师更需要充分认识差异、充分运用差异，引导所有的孩子通过观察、对比，不断优化与提升策略。让起点不同的孩子体悟"条条大路通罗马"，方式可以不同，策略可以不一，在比较中建构，在对比中寻求数学本质，从而使自己在解决该类问题中获得元认知水平的提升，获取对于数量之间稳定关系特征的认识，获得解决问题策略的优化。

（3）不断生成"螺旋上升线"

数学教材有一个重要特点就是要体现知识的循序渐进、螺旋上升，因此教学方式也要从"一步到位"向"螺旋上升"转变。关于分数意义的教学，苏教版教材编排在三个年级、四个单元中，分别是三年级上册"认识分数"（3课时）、三年级下册"认识分数"（6课时）、五年级下册"认识分数"（10课时）、六年级上册"认识百分数"（9课时）。此外，关于分数内容的教学还有六个单元，分别是"分数的基本性质"（9课时）、"分数加法和减法"（5课时）、"分数乘法"（9课时）、"分数除法"（8课时）、"分数四则混合运算"（7课时）、"百分数的应用"（11课时）。

从上面的数据分析可以看出，在分数内容的教学上，共分十个单元77课时，教学时间跨度为五个学期。而对于类似这样的教材内容，教学过程又应如何体现其"螺旋上升"呢？

其一，需要教师建立起全局观。对于这样的教学内容的螺旋上升，在教学过程中需要教师以系统的观点、结构的设计作为呼应。因为同一教学内容往往分段编排在不同的阶段，教师需要通过研读教材去理解编写意图，了解各知识之间的孕伏与延伸。

其二，需要教师建立起发展观。学生的学习过程是一个螺旋式上升的过程，既要关注学生群体螺旋上升的主线，又要关注学生个体螺旋上升的副线。生成"螺旋上升线"，需要教师合理把握"螺旋式上升"的速度与深度，其速度与深度是由不同学生的认知程度和接受能力所决定的。

其三，需要教师建立起实践观。学生是在学习实践活动中，获得知识、技能与经验的螺旋上升的。无论是借助分数对生活中的现象进行解释，还是购物中借助分数百分数进行打折和送券的比较，都需要引导学生在实践中用数学的眼光观察，用数学的头脑思考，用数学的思想方法寻求解决问题的最佳策略，获得数学意识、数学思维的螺旋上升。

从"零敲碎打"的改课，到"系统视野"的课改，引领着教师高站位解读着教育的目标功能与价值，对于课程与教学有了个性化的思考。以人的发展为原点，以学科思想为思考的起点，打破教材与学生之间的壁垒，颠覆课改与改课之间的对立。而在这样的过程中，教师感悟着研究之乐、探究之趣，学生享受着体验之乐、学习之趣，实现多元视角关怀下的师生教学相长。

第二节 课程研究：从问题到课题

关于课程的定义，众说纷纭，仁智各见。课程是教学的科目，课程是学习的进程，课程是有计划的教学活动……然而在一线教师的眼中，课程又是什么？面对现实的问题，基于理性的思考，从理想的课程到可能的课程，从可能的课程到现实的课程，在教、学、研中，课程在进阶，成长在发生。

一、让教学从问题走向研究

【现象1】苏教版三年级下册"认识小数"第一课时

师小结：像0.1，0.3，2.1，7.8……这样的数都是小数。

生举手示意：我在超市里看到过0.99，是不是小数呢？

另一生：小数是不是都是很小的数呢？

师：这些问题都很有价值，我们在后面的学习中一起研究。

【现象2】三年级教师学期初集体备课

师1：本册教材共分为十个单元，分别是……

师2：从教材编排来说，各单元内容分散安排是充分考虑到学生认知发展与数学逻辑体系的。

师3：但板块分割过多过细，也出现了一些现实问题。一个学期多达十个单元，像"认识分数""观察物体"这样的单元就只有两三课时，教学中有蜻蜓点水之感。

师4："统计和可能性"和"观察物体"，在不同年级多次出现，就要避免在同一个层面上的无谓重复。

师5：是呀，教什么，教到怎样的程度，对于我们这些一线教师来说是一个值得研究的课题。

为什么而教（学）、教（学）什么、怎样教（学），一直是教者常问常新的三个本原问题。从【现象1】来看，这位教师无疑已经在课堂上做出了自己的回答，不越雷池半步，不肯定、不否定、不追问，而以"这些内容我们在后面的学习中一起研究"作为搪塞。这样的现象不仅在家常课中司空见惯，就是在某些名优教师的展示课中也不乏存在。而【现象2】中，教师们已然遇到或者预见到可能出现的问题，以教材为蓝本的课程与以师生为主体的课程之间显然还有很大的差距，而文本课程与现实课程之间的鸿沟，需要师生携手逾越。

二、让教者从系统视野出发

从系统论的观点出发，世界是众多关系的集合体，是普遍联系的整体。从这个意义上来说，教师需要建构关于教学内容、教学对象以及教学过程的系统视野。

1. 数学世界中的"木林森"

数学世界对于教师而言究竟是什么？是一棵葱郁的大树，是一片茂密的树林，还是一望无际的森林？不同的人有不同的答案。"一叶障目"者有之，"只见树木，不见森林"者更是比比皆是。如果我们把教师的专业知识结构按本体性知识、条件性知识和实践性知识进行分类，那么对应的分别是学科知识、教育理论、教学经验。教育理论积淀日益丰厚、教学经验逐步增长的同时，决定着数学学科本质导向的学科知识却常常被人淡忘。小学数学教师要做到"深入"与"浅出",不仅要系统了解小学数学的知识结构,同时也要跳出小学视域对几何学、代数学、概率论等有所了解;不仅要知道数学知识的呈现方式,还要能明了知识的核心思想、来龙去脉与教育价值。

2. 儿童视域中的"点线面"

数学既是学生成长的需要,又是学生成长的载体。每一个儿童的数学学习都是基于自身经验,用自己独特的思维方式进行意义建构的过程。从这个意义上来说,教师不仅需要关注儿童学习什么,还要关注儿童怎样学习,以及如何促进儿童积极学习;需要教师明确儿童成长的关键点,明晰儿童认知的发展线,明辨儿童发展的立体面,让数学伴随儿童发展、陪伴儿童成长。

3. 教学空间中的"长宽高"

教学空间不应是闭塞的,而应是开放的;教学过程不应是线性的,而应是立体的。儿童学习的数学不应是数学知识的简单汇集,而是通过对数学知识的原味解读、数学学习的原态发生、数学思维的原质提升,构建出具有数学教学意义的立体空间。通过拉升"长度"(研究的时效性)、拓展"宽度"(学习的延展性)、提升"高度"(数学的思想性),构建出独具数学特质的"长宽高"三维教学空间,使得儿童在数学学习中能够获得智慧的启蒙、素养的滋润和生长的力量。

三、让课程从实践深处创生

(一)从"教"的课程到"学"的课程

从"教"的课程到"学"的课程的转变,是以教者为中心到以学习者为中心的转变,是从教材中心到学习载体的转变。这样的转变,需要教师与学习者在共同商议的基础上进行。

1. 条状重组

将教材中零散的内容纵向打通，根据其内在的逻辑结构以及学生的认知发展序列，重组两个或两个以上的内容点。从简到繁，由易到难，形成一个易于使学习者学习与掌握的、贯穿多个教学内容的知识结构。在进行条状重组时，既可以跨课时进行重组，也可以跨单元进行重组，甚至可以跨学期、跨年段进行条状重组。

条状重组的三个原则：

（1）紧密联系性原则：重组的两个或两个以上的内容点，必须在知识结构中位于同一知识链中。

（2）合理发展性原则：通过重组加工后的内容，对于学习者而言并没有刻意增加难度，而是更利于学习者同化与顺应，完善认知结构。

（3）差异选择性原则：对于重组的内容，不同学习基础的学习者，有权利选择适合自己的学习方式与学习进度。

如"整数乘法"在苏教版教材中是这样编排的，二年级上册：认识乘法、乘法口诀、表内乘法，求几个几是多少、求一个数的几倍是多少的实际问题；二年级下册：两位数乘一位数，"乘加""乘减"两步计算的实际问题；三年级上册：三位数乘一位数，连乘计算的两步实际问题；三年级下册：两位数乘两位数，乘法的验算。通过条状重组后，在前期研究一位数、两位数、三位数乘一位数的基础上，可引导学生自我探索：你还想计算几位数乘一位数，举例试一试，再说说你是怎样想的。从而通过不同学习者的广泛举例，观察比较归纳总结，得出任意多位数乘一位数的算理与算法。

2. 块状重建

与条状重组相对应的则是块状重建，将教材中零散的横向两个或两个以上的内容点，按其内在的类特征组成一个整体，引导学生类比迁移，从而把握特征形成结构。块状重建，以思想方法统领内容体系，以思维方式统领教学体系。

块状重建的三个原则：

（1）熟悉化原则：可以将后续内容点（陌生的问题）转化为先学的内容点（熟悉的问题），也即可以运用熟悉的知识、经验和问题来解决。

（2）简单化原则：可将后续内容点（复杂的问题）转化为先学的内容点（简单的问题），通过对简单问题的解决，达到解决复杂问题的目的，或获得某种解题的启示和依据。

（3）迁移化原则：横向的两个或两个以上的内容点，其本质的思想方法是类通的，在新内容的学习过程中，可以进行正迁移。

如在"图形的面积、体积计算"中，运用块状重建进行思考：圆可以分成一些相等的扇形，再拼成一个近似的长方形，从而推导得出圆面积计算公式；直圆柱的两底面是半径相等的圆，因此可以把圆柱底面分成若干个相等的扇形，按底面扇形大小切开，再拼成一个近似的长方体，从而导出圆柱体体积计算公式。在圆面积与直圆柱体积的推导过程中，块状重建有利于通过类比迁移获得从平面图形研究到立体图形探索的新跨越。

3. 立体重构

无论是纵向沟通还是横向联系，对教材内容进行的都是局部加工。当我们把视野放宽到整个年级、整个学段，甚至儿童的整个生活中去时，你会发现无论是横向重组还是纵向重建，虽然构成了知识链与知识块，但仍然受限于局部。

而立体重构，对教材内容则是进行整体加工。条块结合，立体重构，需要教学者与学习者共同将视野拓展到更宽、更大、更深处，立足于数学发生发展的脉络、立足于学生认知发展的序列，审视、再造、创新结构链、结构块到结构网,甚至是结构体。

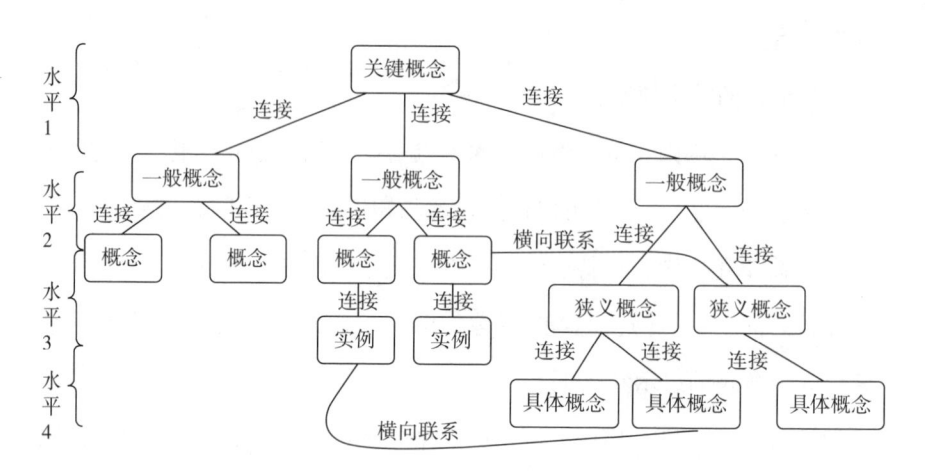

图 2-8 Joseph D. Novak 概念图模型

借助概念图,可以帮助学生进行立体的网络化知识结构的建立。图 2-8就是 Joseph D. Novak 概念图模型。[①] 一个正确的概念图,就是学习者头脑中数学知识结构的准确投射。概念图能有效促进概念间的横向与纵向联系,通过稳定的整体性概念框架,帮助学习者巩固输入、正确输出。在整理与复习中,教师可以引导学生自我构建内容概念图,在旧知基础上提出新的探索话题,真正做到"温故而知新"。

(二)从"学"的课程到"研"的课程

从"学"的课程到"研"的课程的转变,是以学习者为中心到研究者为中心的转变,是从学习内容到研究载体的转变。这样的转变,更彰显学习者、研究者的本体作用,更强调作为人的发展的主动性、持续性。

[①] 裴新宁. 概念图及其在理科教学中的应用 [J]. 全球教育展望,2001(8):48-52.

1. 教材内容与生活现实的沟通

教材内容源于人们的现实生活世界，同时又是人类生活经验的高度浓缩与抽象。数学中的规律、性质、概念、定义、法则等，源于生活又高于生活。沟通教材内容与生活世界，意义在于实现"形式化"思维的质性提升，从而引导学生真正的"数学地"思考。在此过程中，需要引导学生用数学的眼光去观察生活现实，发现数学问题，揭示数学概念，归纳数学规律，建构数学模型，并逐步感悟、提炼出解决问题的有效策略。

如前例中认识小数就可以借助生活现实重组内容，基于现实经验认识小数的产生，同时基于十进分数的含义，借助价格单位及长度单位理解小数的意义。通过单位正方形到单位线段的抽象，进而过渡到数轴，引导学生将单位线段平均分成十份，一百份，一千份……认识一位、两位、三位小数。在此过程中，基于现实，又高于现实；基于生活，又上升为模型。

2. 课程内容与学生经验的连接

学生不是空着脑袋走进课堂的，而是带着生活中各种各样对于数学的理解进入课堂的。在现实生活中，学生已经收获了很多带有数学味儿的实践经验，在此过程中发展了许多非正式的数学认知。学生的数学学习并不是独立于他们所生活的复杂社会环境中的一个体系，家庭、公园、超市都是发生数学学习的天然课堂。虽然在此过程中，学生获得的经验不一定是完整和科学的，但基于"街头数学"建构"学校数学"，体现的是对学生经验的应有尊重。学校数学学习就是让这种新旧知识之间有机连接，将学生经验与课程内容发生有效连接，从而不断完善学生的经验系统，形成更为科学、正确、丰富的认知结构。

3. 学习内容与儿童实践的对接

儿童的学习是基于经验的，同样儿童在学习中也是获得经验的。而这种经验在很大程度上依赖于儿童的数学学习实践。在新课程标准从"双基"走向"四基"的今天,我们更加关注到"基本的活动经验"的重要性。儿童视域中的数学不应简单地等同于数学知识的汇集,不应被看作无可怀疑的真理的集合,而应主要被看作儿童的一种"创新性建构"。儿童的数学学习,是数学研究的"准实验"。活动是儿童的经验建构的重要方式,在真实的有意义的情境活动中学习数学,让数学学习成为"真实的数学研究",更为符合儿童心智的发展。如"认识人民币"中构建超市购物的实践情境,通过顾客与营业员的角色扮演,付款购物的情境感知,赋予生活情境以数学性,让儿童在问题解决的过程中经历真正的"儿童的"数学学习活动。

(三)从"研"的课程到"创"的课程

从"研"的课程到"创"的课程的转变,是课程实施者到课程创生者的转变,是从课程内容转换到课程体系重构的转变。这样的一种创生,不仅属于敢于开拓的教师,也属于敢于创造的每一位学习者。

1. 做好课程统整的加减乘除

课程与教学究竟是什么?当很多人还在做着"匀速圆周运动"的时候,作为课程研究者的教师已经开始描绘属于课程的美丽"螺线"。北京星河实验小学的马芯兰老师,以"100道典型数学问题"作为主题,囊括小学数学的应知应会。而在语文界,一个星期学完一册教材早已不再是新闻。无论是怎样的改革路径,在统整课程中,创生课程需要做好"加减乘除"。

(1)加:增加挑战性

针对不同学习者的不同需求,根据最优化发展原则,让每个学习者在相同的学习时间内,获得自身所能得到的最大收益。让每一节数学课都充满研究的意蕴,让每一个课堂都充满挑战的快乐,让每一个学习者都感受到数学学习的价值与意义。

（2）减：删减重复性

在进行数学课程的内容统整时，常常涉及对不同课时、不同单元、不同学期、不同年段的内容进行调整、补充与替换。因此，系统性思考必不可少。尤为重要的是，在各个年段统整的过程中，要避免"炒冷饭""夹生饭"现象，做到减少重复，杜绝无效。

（3）乘：迁移结构性

课程的统整，是内容的统整，是结构的统整，也是方法的统整。在此过程中，可以迁移的不仅是内容的结构、教学的结构，更是方法的结构。数学学科中的性质、规律、公式、定理等，大多可以遵循"发现问题—进行猜想—验证猜想—获得结论—模型运用"这样的"数学知识再创造"过程。

（4）除：提炼思想性

"授人以鱼，不如授人以渔。"一种答案管一下子，一种方法管一阵子，一种思想管一辈子。问题解决策略包含三个层次：数学基本思想方法、解题方法或解题技巧以及介于这两者之间的策略本身。在统整课程的过程中，不仅要关注过程，更要关注方法，同时引导学习者反省认知，将方法提升为策略，将策略升华为思想。

2. 创新数学课程的主题单元

课程的创新，不仅体现在教学素材的选择、教学方法的选用、教学过程的选定，更为宏观的是在融通内容、融合经验、融会资源的基础上进行主题单元构建，从而推进系列化的学习与系统化的研究。按照主题单元的产生来源可以分为两类：一类是结构生长式，以知识本身的生长为线索；另一类是主题探究式，以学习者的关注点为线索。

（1）结构生长式

以数学知识内容的生长为研究序列主线，从核心关键点出发，形成研究网络。结构生长式课程设计既是一种课程理念，又是一种教学模式。如在有关长方体和正方体的内容教学时，可以将长方体和正方体的认识、表面积、体积等整合为主题课程单元"走进长方体的世界"（如图2-9）。在此学习过程中，师生共同构建出一个开放的挑战性环境，指向学生自主学习能力的提升、学习型团队的构建与自我反思意识的增强。

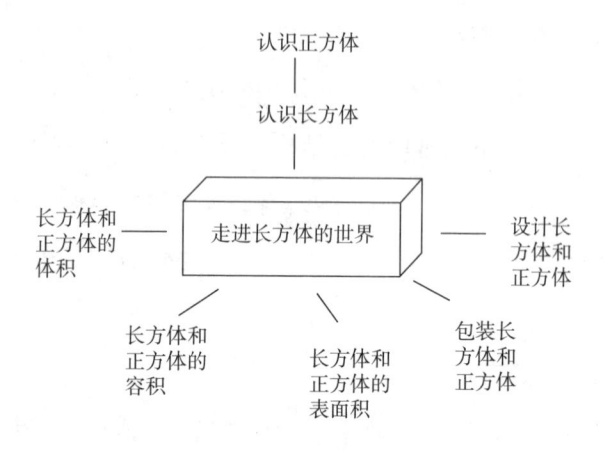

图 2-9 "走进长方体的世界"

结构生长式主题课程的展开，重点在于从核心关键点处，根据内容的特点生发出新的研究点，并整理形成研究网络图。

（2）主题探究式

在关系思维的视域中，宇宙是一切事物相互联系的整体，如果每一个人都能与这一背景建立联系，用经验将自己与世界联为一体，人类的生活就会完满和富有意义。"从整体教育的角度来解读，学习被看做是有机的经验过程，进行关联是课程加工的核心。"① 这需要教师能够熟悉学生所学习的全部内容，实现学科知识的综合或再组织。

主题探究式的课程主题单元，以主题为链接的中心，以儿童为研究的

---

① 安桂清. 整体课程论 [M]. 上海：华东师范大学出版社，2007：11-13.

核心，在学生经验范围内共同选择确定主题，让学生能探索、解释，并在此过程中获得丰富的数学学科甚至多学科学习的体验，其结构如图2-10所示。

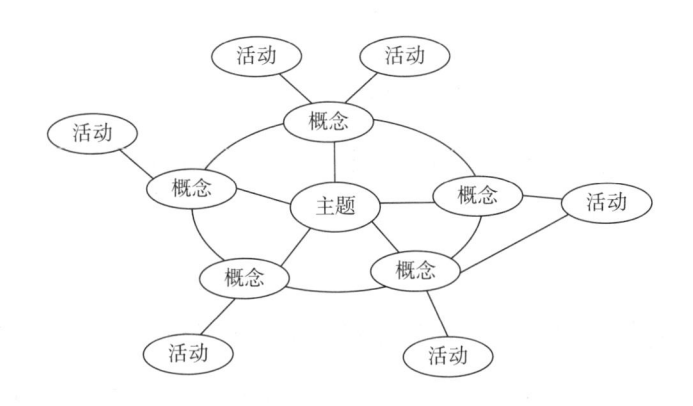

图2-10 主题探究式课程主题单元结构图

确定主题后，通过研究与该主题相关的概念，并辅之以多样的活动，帮助学生体验世界，透过经验建构有意义的个人知识。如"春游"主题中，可以结合位置与方向感受"四面八方"的相对位置，渗透"速度、时间、路程""单价、数量、总价"的函数关系，结合"加法""减法""乘法""除法（余数根据现实需要进行处理）"的四则运算，同时综合运用24时计时法、计量单位的认识等。在此过程中，体现自选的课程、生长的课程、合作的课程，通过内容的统整、资源的统整、目标的统整，实现经验的统整与能力的统整。

课程研究无止境，课程统整有境界。钟启泉先生在《追寻课程与教学的本真意义》中写道："课程因被窄化为'公共的知识'和'预设的计划'屏蔽了儿童与其生活的交往；教学因被固化为知识传递的特定程序与步骤泯灭了师生的探究性与创造性；学习因被矮化为机械的接受和训练放弃了儿童应有的自主且负责任的创造性行为。"[①] 而我想说，在追寻课程与教学本真意义的路上，理想不会虚化、课程不会窄化、教学不会固化、学习不会矮化、儿童不会物化，每个人——每位教师、每位学生都在统整课程，又或者他们本身已然是课程的一部分。

第三节　课程实践：从结构到建构

随着课程改革不断发展演进，课改也在不断升级换代，在"课改—改课—课改"的行进路线中，从教与学形式的变化，到教与学结构的变化，最终必将真正指向教与学意义的变化。

一、理解课程：走在回望过往的路上

理解课程，需要教师理解课程观的衍生与发展。仅仅把课程视为"学科"，或者把课程视为"知识"，这是片面的。把课程视为学生的"生活经验"，认为课程有助于学生"履历经验"的生长与重组，对于教师的课程观的建构显然有着非常积极的现实意义。朝向完满生活的需要，重建学生的学习生活，从现实生活走向可能生活，在科学世界与生活世界中建立起有意义、有价值的连接，是课程的重要使命所在。

理解课程，需要教师个性化地建构个体课程观。只有建立起基于教师个人成长经验、有助于教师个人发展的课程理解，方能真正助力于有特点、有特色、有特长的教师的成长，方能真正给力于有追求、有思考、有

[①] 钟启泉. 追寻课程与教学的本真意义 [J]. 教育科学论坛，2008（2）：1.

研究的教师的发展。具有个体特点的课程观，将会引导教师走上更富有特质的教育生长之路，才会涌现出更多的"融错教育""大问题教学"等的研究成果。

二、实践课程：走在立足当下的路上

（一）理念解读：从教材到课程

纵观现行的各个版本的数学教材，无一例外都给学生和教师提供了丰富的教学素材，并将教学内容和教学思想方法两条主线贯穿其中。然而无论是哪一种版本的教材，具体到每一所学校、每一位教师、每一个学生，还都只是静态的文本。从文本的教材到现实的教材，从普适的教材到特设的教材，作为学校一线教师，还需要对校情、师情、生情这些素材整体有效架构，将教材内容进行有效的整合、重组、拓展与开发。

只有真正从教材视野走向课程视域，走进教材、研究教材，进而加工教材、开发教材，才能使统一的教学材料变化为个性的教学工具，使静态的文本材料衍生成动态的教学过程。从教材到课程，体现的是理念的更新与实践的跟进、是对教与学价值的重新判断、对教与学方式的重新理清、对教与学结构的重新改写。

（二）实践改进：从课程到儿童

1. 从儿童经验出发

2015年陕西高考语文作文题为《给违反交规的父亲一封信》。所给作文材料大意是：一位父亲在高速公路开车打电话，旁边的孩子一再提醒父亲不要拨打电话，可是父亲不听劝阻。要求考生给父亲写一封信。微信圈中有诸多微友就农村考生缺乏相关经验提出异议。同样道理，在数学课程的建构中对于儿童的经验也需要激活与唤醒、促进与发展。对游牧民族的儿童进行确定位置的教学，教材中小动物住高楼的主题图也就脱离了儿童的生活经验。

建构适合儿童的数学课程，儿童不应缺位。学校和教师应该做的是为儿童的知识与经验的增长提供必要的学习材料、营造合宜的学习环境、设计有效的教学结构。教师心中既要有基于课程内容的、全局性的、战略性的知识地图，又要有基于儿童经验的、微观性的、战术性的导航地图。从儿童经验出发，尊重儿童已有的认知，借助儿童已有的经验，运作数学的前概念，促进学习的正迁移。

2. 向学习需要进发

数学是一门具有极强逻辑性的学科，每一个内容元素在数学大结构中都有其独特的价值与作用。在教师的课程视野中，不仅要有大单元的整体编排、小单元的螺旋上升中所隐含的知识结构，更要读懂学生的学习起跳点、学习兴奋点、学习困难点、学习需求点。不仅要理清知识的前延后续，还要关注学生的学习心向。教师的眼中不仅要有"书"、有"术"，更要有"人"。

建构学生喜欢的数学课程，需求不应缺位。有效学习的发生，与学习的动机有着极其密切的关系。如果教师建构的课程内容，学生觉得索然无味，或者与自己毫无关系，学生就不可能看到其中蕴藏的价值，更不可能引起有意义的持久学习。让学生参与课程的动态构建，让学生明白自己的学习需求，让学生说出自己的学习需要，让学生看到个性的学习目标，学习就有可能深度发生。

3. 向实践深处生发

儿童的经验是基于实践的，儿童的生活经验、活动经验、学习经验在实践中得以产生、在实践中不断发展。在新课程标准从"双基"走向"四基"的今天，我们更加关注到"基本的活动经验"的重要性。或许成人可以在理性逻辑推理的基础上建构起数学结构的大厦，但儿童就是儿童。实践是智慧的根源,是儿童自然的学习方式,也是儿童经验的建构方式。

建构儿童理解的数学课程:实践不应缺位。"I hear and I forget, I see and I remember, I do and I understand."(听来的忘得快,看到的记得牢,动手做理解深)这句话深入人心,其重要原因就在于立足儿童视角,生动阐释了实践的重要性。儿童建构的数学,在很大程度上依赖于实践。小学数学课程的具体实施,应尽可能把学习置身于真实情境的问题解决,把问题设定为真实场景的相关任务,把儿童定位成合作探究的团队成员。

三、创生课程:走在朝向未来的路上

(一)思想导航:建构学校数学课程理念

朝向未来的数学课程,需要建构基于教师的、有特点的数学课程;基于教室的、有特色的数学课程;还需要建构基于学校的、有特质的数学课程。

每一所学校,都弥漫着不同的空气、植根于不同的基础、传扬着不同的文化、书写着不同的特色。基于学校文化根基的数学课程,就自然与应然地具有了校本化的意蕴。作为学校数学课程的管理团队,理应思考与建构学校的数学课程理念。回答"确定什么样的课程目标?培育什么样的师生?建构怎样的特色?"之类的问题。

明晰学校数学课程建设的主张,阐述学校数学课程建设的追求,聚焦学校数学课程建设的目标,就必然需要带动所有数学教师共同思考、协同对话,就必然需要引导数学教师思考教材、教师、学生、环境、资源等之间的关系,也就必然会引导教师改变关于课程与教学的理念与实践。

(二)行为探航:架构学校数学课程体系

朝向未来的学校数学课程体系,是一个拥有丰富元素的发展性系统。建构学校数学课程理念,形成学校数学课程目标、勾画学校数学课程蓝

图,为架构学校数学课程体系进行了思想导航。而具体到实践层面,每一所学校"以校为本""以师为本""以生为本"的建构必然各美其美、美美与共。在学校数学课程体系这一总体框架下,校本化实施的国家教材与特色化实施的校本学材成为同生共长、不可分割的部分。

无论是课时还是内容,无论是方式还是方法,都处于不断整合、优化、调适的大系统中。课时的调整中,可能会有中年级课时调整到低年级,也可能会有部分课时集中到一周实践。内容的调整中,可能会有单元内部的整合、单元之间的融合,甚至还会有跨册、跨年、跨学段之间进行的沟通。方式的调整中,可能会有整合教材的出现、数学读本的衍生、电子书包的校本尝试。方法的调整中,教与学的边界可能会愈加变得模糊,多位教师合作教学,教师与学生甚至互为师生,等等。

(三)方式巡航:重构数学课程实施路径

1. 通用教材的"加减乘除"

在学校数学课程的建构中,首先要做好的就是选定版本教材的校本化实施。教材的内容是不是最合适的学习素材?教材的展示方式是不是最适切的学习序列?教材的课时编排是不是最合宜的班级进度?在回答好以上三个问题的基础上,进行增删减补,个性化、班本化、师本化地进行再加工与再创造,从融合走向适合。把文本课程转变为现实课程,把课程素材转变为课程现实。

以苏教版四年级上册"运算律"单元为例,就可以从儿童认知发展的角度进行结构重建。第一课时,探索并认识交换律、结合律;第二课时,感受交换律、结合律的价值,能简单运用交换律、结合律。重构后的第一课时,以思想方法为主线,引导猜想:加法(减法、乘法、除法)是否具有交换律?通过感受如何举例,认识正例、反例与特例,经历不完全归纳的过程,丰富学生对于举例验证的科学认知,并能形成方法结构,在结合律中进行迁移，并逐步积累经验，在后续学习与研究中运用于其他数学猜想的验证过程。

而"认识小数"这一内容，师生也可共同创生。在多元解读各版本教材、多维理解小数的意义的基础上，从小数与十进分数的关系上进行深度加工。以0.1元这一价格引发自我建构，学生在正方形（代表1元，表示出0.1元）上各显其能地创造，其共通点直击小数的本质。而从单位正方形变化为单位线段，从1米到1分米、1厘米，甚至到1毫米……最终抽取出"单位1"，形成数轴，建构数序。

这样的开发与实施，做好了国家教材的"加减乘除"，增加了适切性、删减了重复性、提炼了思想性、迁移了结构性，从而让国家教材在某种意义上具有了"校本性""适切性"与"独特性"。

2. 自编材料的"有益增补"

作为国家教材的有益补充，校本化的自编材料作为数学课程的特色组成部分，具有着鲜明的学校特色。清华大学附属小学设计了适合本校各个年级学生使用的《乐学手册》，南京银城小学以《数学工坊》作为校本教材进行汇编整理，常州市庄惠芬名师工作室以《魅力数学》作为校本学材进行编辑出版……而这些自编材料既有个性，又有共性。依据教材序列，或进行相应补充，或进行项目设计，充分体现了其"实践性""趣味性""思维性""开放性"。

自编材料的设计可以结合数学与历史、数学与社会、数学与文化、数学与思维、数学与美学等若干个专题实施，也可以根据儿童所面对的各类有趣的现实问题展开，还可以结合现行版本教材的相应单元与内容，开发与设计相应的数学实验手册。

图2-11为配合苏教版五年级上册教材设计的数学实验导学手册目录及实验13"一共要用多少根小棒"的部分内容。

实验 1	平行四边形的转化……
实验 2	三角形的转化……
实验 3	图形的分割……
实验 4	1公顷有多大……
实验 5	怎样估测更精确……
实验 6	循环节的长短……
实验 7	封面的长与宽……
实验 8	一张纸能对折多少次……
实验 9	用计算器探索规律……
实验 10	调查班级学生的体重……
实验 11	怎样围面积最大……
实验 12	钉子板上的多边形……
实验 13	一共要用多少根小棒……

图 2-11 数学实验导学手册目录及部分内容

3. 自选项目的"综合融通"

课程内容的开发与课程形式的创造，都需要关注从课程中心升级到学习中心、从注重能力的培养到注重创造力的形成、从自主学习领域扩展到生活自治领域、从关注学习小组到关注学生成长团队。项目学习可以很好地实现这一系列的价值转型。

围绕某一个具体的学习项目，学生可以充分选择和利用最优化的学习资源，在实践体验、内化吸收、探索创新中获得较为完整而具体的认知，形成较为丰富而独特的体验。好的项目设计既能体现纵向性综合的要求，感受数学的思想方法及其广泛的联系性、应用性，又能体现横向性综合的需求，体现数学与社会生活的密切联系。

比如，学校设置停车场车位就可以作为一个项目学习的案例。鼓励学生在给定的不规则形状停车场中设计停车位，并向学校相关部门提交方案，说明理由，给出建议。在该项目学习的过程中，通过具体实践（相关数据的测量）、绘图技术（平面缩略图）、实验操作（模拟形状分割）、计算比较（比较不同形状的停车位的面积利用率，如长方形与平行四边形）

等，最终形成最佳方案并形成书面报告。这样的项目学习，有助于学生理解并感受数学的重要性，感知与体会生活的现实性，既提升了学生的数学素养，又关注了跨学科素养的提升。

4. 自创读本的"回归儿童"

儿童不仅享有学习权、发展权，还享有课程权。课程内容的选择、课程进度的商议、课程评价的参与、课程形式的建议等，都是儿童课程权的体现。因此，从这个意义上来说，数学课程建构的主体应该是教师与学生所组成的研究共同体。

在图书类别中，数学童话类书籍一直占比较低，而小学阶段的学生对于童话类体裁认同度又非常高。因此，在学校数学课程体系的建构中，数学童话的读、写、绘就可以作为数学课程的补充内容。数学童话故事既可以由教师编写，也可以由学生创绘。故事与教材同构，进程与教材同速，目标与教材同源，既可以是作为课前自我预习的材料，也可以作为课后深入理解的材料，还可以作为复习巩固时的支架。图2-12为王岚名师工作室根据苏教版第八册教材编写的配套数学童话读本目录及节选内容。

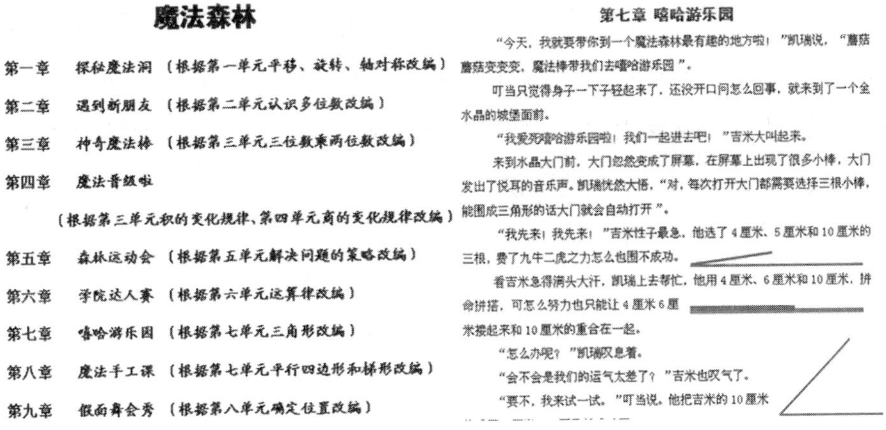

魔法森林

第一章　探秘魔法洞　（根据第一单元平移、旋转、轴对称改编）
第二章　遇到新朋友　（根据第二单元认识多位数改编）
第三章　神奇魔法棒　（根据第三单元三位数乘两位数改编）
第四章　魔法普级啦
　　　　（根据第三单元积的变化规律、第四单元商的变化规律改编）
第五章　森林运动会　（根据第五单元解决问题的策略改编）
第六章　学院达人赛　（根据第六单元运算律改编）
第七章　喀哈游乐园　（根据第七单元三角形改编）
第八章　魔法手工课　（根据第七单元平行四边形和梯形改编）
第九章　假面舞会秀　（根据第八单元确定位置改编）

第七章　喀哈游乐园

"今天，我就要带你到一个魔法森林最有趣的地方啦！"凯瑞说，"蘑菇蘑菇变变变，魔法棒带我们去喀哈游乐园"。

叮当只觉得身子一下子轻起来了，还没问怎么回事，就来到了一个全水晶的城堡面前。

"我爱死喀哈游乐园啦！我们一起进去吧！"吉米大叫起来。

来到水晶大门前，大门忽然变成了屏幕，在屏幕上出现了很多小棒，大门发出了说写的音乐声。凯瑞恍然大悟，"对，每次打开大门都需要选择三根小棒，能围成三角形的话大门就会自动打开"。

"我先来！我先来！"吉米性子最急，他选了4厘米、5厘米和10厘米的三根，费了九牛二虎之力还是也围不成功。

看吉米急得满头大汗，凯瑞上去帮忙，他用4厘米、6厘米和10厘米，拼命拼搭，可怎么努力也只能让4厘米6厘米接起来和10厘米的重合在一起。

"怎么办呢？"凯瑞叹息着。

"会不会是我们的运气太差了？"吉米也叹气了。

"要不，我来试一试。"叮当说，他拿起吉米的10厘米

图2-12　数学童话读本目录及节选内容

5. 自制课程的"云端对接"

知识获取的方式是多元的，教育正在被技术改变。当各类终端成为学生的学习伙伴时，当各个程序成为学生自主学习的导师时，技术带来的是巨大的变革。传统课程的单维方式通过技术的方式获得了自由生长的力量，数学课程已然没有了现实的时空篱墙，借助互联网可以连接到任何地方。

简单的录屏工具、麦克设备，加上智慧与行动，就可以生成微课程。教师可以发布课程内容，学生也可以尝试自创课程。"画图巧算乘法"让儿童感受中外不同表达方式内在的、一致的数学本质；"PPT巧制钟面"，融合了动画设计与圆心角的计算……

利用口算神器进行口算攻擂，让学生爱上计算；打开"17作业网"，融游戏、学习、作业、PK于一体，让孩子爱上自主挑战；借助在线自选课程获取积分，让儿童主动学习、个性生长。而这一切，正潜移默化地帮助学生将思维方式、学习方式自动升级，帮助教师将教学方法、工作方式系统重启。

在朝向未来的数学课程建构路途中，因为理解而实践，因有实践而创生。有解开桎梏的欣喜，也有茅塞顿开的彻悟，有遇到挫折的迷茫，也有云开雾散的豁然。回归数学学科的本源，回归儿童认知的本色，回归素养发展的本位，强化课程意识，优化课程实施，我们——每一位教师和学生还可以做的有很多，也一定能做到。

第四节　课程发展：从融合到适合

课程发展力，是一所学校最为重要的核心竞争力。对于学校而言，国家课程、地方课程、校本课程最终要融合成为"学校的课程"。这就需要基于系统思维、结构思维、产品思维、迭代思维，寻找学校的独特课程表达，建构学校的整体课程体系。

一、课程建构的哲学思考

数学课程如何实现国家课程的校本化建构与校本课程的特色化推进？如何建构更适应学校、适切教师、适合学生的数学课程体系？如何让数学兼具普适性与独特性？如何让数学凸显时代性与发展性？这是每一所学校在建构数学课程时都需要自问自答的系列问题。2022年4月，义务教育课程方案与各学科课程标准（2022年版）正式发布。在新课标的引领下，我们期待通过校本化建构"易数学"的目标与内容体系，生本化建设"易数学"的课堂与教学范式，持续优化与系列改进，进而提升学校数学课程的适切性与有效性。

"易"者，三易。"变易"是万事万物的存在方式，意味着在任何的时间与空间之中，没有一事没有一物是一成不变的。"简易"是事物运动变化的方向与趋势所在。宇宙万物，有其事必有其理，掌握了其理就可以变复杂为简单，化繁杂为简约。"不易"，是变化的核心与本质。万事万物都在变化，但其变化是有规律可循的，变化中的不变，变易中的不易，是理解、运用并发展万事万物的根本。

以"易思想"审视与观照数学教育教学,我们可以清晰地感受到:"变易"直观表达了万事万物的运动与变化属性,万物皆变,蕴含着教育的发展性与儿童的生长性;"简易"则表达了事物变化之中所蕴含规律的简约性,大道至简,呼应着教育的应然境界与自然追求;而"不易"则集中体现了规律的确定性与恒常性,"万变不离其宗",意味着教育教学应当遵循儿童的成长规律与教育的基本原则。

二、课程建设的基本思路

1. 理念"不易":建构发展观下的素养导航图

基于"立德树人"的根本任务和人的发展规律,培养面对不确定的未来,但具有确定素养的社会优秀建设者。从学生成长的规律出发,聚焦学生的共性需求,同时关注学生的多样化、差异化、个性化需求,助力学生的素养发展,让教育回归育人的本质。

2. 结构"简易":建构整体观下的课程支持群

课程不仅要在丰富性上下功夫,还要在结构性上做文章。课程的丰富性与结构的系统性支持学生发展的多元性。在国家课程高质量、校本化实施的基础上,科学设置适合不同年段、不同基础、不同个性学生发展的校本化必修和选修课程群,致力于让每一位学生拥有更丰富的课程选择、更充分的课程体验、更适合的课程支持。

3. 方式"变易":建构系统观下的统整同心圆

从"立德树人"的根本任务出发,基于学生的必备品格和关键能力,对各年段内容进行整合与拓展,进行学科内、跨学科和超学科的课程统整。根据学生的年段特征,基于学科核心内容与关键能力,指向创造性思维、批判性思维、问题解决能力、合作与交往能力等重要的跨学科素养,进行主题性活动、项目式学习的整体设计。

三、目标建构的立体视野

以国家课程中的数学课程为核心与基础，进行校本化的学校课程群的整体建构。数学作为基础教育阶段的重要学科，承载的不仅是传递数学知识、提升数学技能的功能，也承载着用数学的方式培养学生适应未来发展的正确价值观、必备品格与关键能力的这一学科价值。

学校数学课程目标，涉及四个维度的思考（如图 2-13），一是教育哲学，回答为什么培养人的问题；二是学科哲学，回答数学是什么的问题；三是核心素养，解决培养什么样的人的问题；四是学科素养，回答培养什么样的学科核心素养的问题。

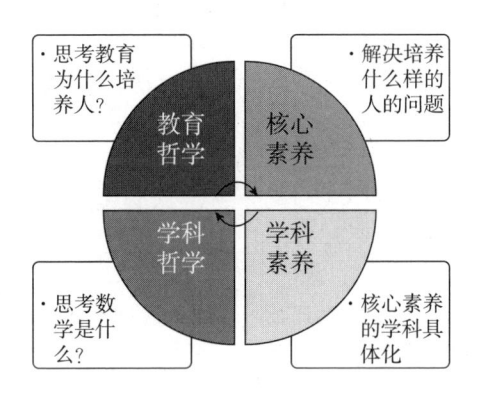

图 2-13 学校数学课程目标的四维思考

经过这样四个维度的思考与回答，根据《义务教育数学课程标准（2022 年版）》课程目标[①]，形成学校数学课程的整体目标，如表 2-1。

---

① 中华人民共和国教育部. 义务教育数学课程标准（2022 年版）[M]. 北京：北京师范大学出版社，2022.

表 2-1　清华附中广华学校小学部数学课程总目标

课程 总目标	学生逐步会用数学的眼光观察现实世界。从现实世界中发现数量关系与空间形式，抽象出数学的研究对象及其属性，形成概念、关系与结构，体会数学的"简易"；理解自然现象背后的数学原理，体会规律的"不易"；逐步养成从数学角度观察现实世界的意识与习惯，在过程与结果的创新中体会数学的"变易"。 　　学生逐步会用数学的思维思考现实世界。建立数学对象之间、数学与现实世界之间的联系，体会逻辑的"简易"；经历独立的数学思维过程，体会数学基本概念之间、数学与现实世界之间联系的"不易"；通过探究自然现象或现实情境所蕴含的数学规律，经历数学"再发现"的过程，体会数学的"变易"。 　　学生逐步会用数学的语言表达现实世界。通过经历用数学语言表达现实世界中的简单数量关系与空间形式的过程，学生初步感悟数学结构的"简易"；通过建构普适的数学模型，感受表达事物之间关系、规律的"不易"；通过跨学科的实践，体会数学应用的广泛性，感受"变易"。 （图：数学的眼光、数学的思维、数学的语言三环相交，交集为"简易、变易、不易"） 　　通过六年的"易数学"课程学习，培养学生的数感、量感、符号意识、运算能力、几何直观、空间观念、推理意识、数据意识、模型意识、应用意识、创新意识，同时通过跨学科的主题活动与项目学习，提升学生的综合素养
第一学段 分目标	1. 在整数的学习中经历抽象过程，认识万以内的数，能进行简单的整数四则运算，形成初步的数感、符号意识和运算能力。 　　2. 能辨认简单的立体图形和平面图形，认识长方形和正方形的特征，体验物体长度的测量过程，认识常见的长度单位，形成初步的量感和空间观念。 　　3. 经历简单的分类过程，能根据给定的标准进行分类，形成初步的数据意识。 　　4. 在主题活动中认识货币单位、时间单位和基本方向，尝试用数学方法解决问题，积累数学活动经验，形成初步的量感和应用意识。 　　5. 初步感受数学建模的一般过程。 　　6. 初步培养发现问题、提出问题、分析问题、解决问题的能力

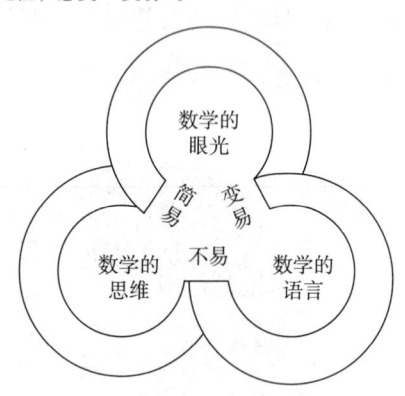

续表

第一学段分目标	7. 对身边与数学有关的事物有好奇心，能参与数学学习活动。初步感受用联系的观点观察现实世界与数学世界，感受数学与生活的联系，体会变化中的不变。能倾听他人的意见，尝试对他人的想法提出建议。 8. 能在他人的帮助下初步借助现代技术进行自主学习，并进行数学的研究与成果的表述。 9. 在跨学科活动中，初步感受数学与其他学科的联系，感受数学的价值与意义。 10. 初步感受数学表达的简洁性，数学思考的逻辑性，数学应用的广泛性，体会数学的"简易、变易与不易"。
第二学段分目标	1. 在自然数、分数、小数的认识中经历抽象过程，掌握四则运算的技能，理解运算律，形成数感、运算能力和初步的推理意识。 2. 在平面图形的形状、大小与位置、运动、测量、绘制的研究中，形成量感、空间观念和初步的几何直观。 3. 能经历简单的数据收集过程，形成初步的数据意识。 4. 在主题活动中进一步认识时间单位和方向，认识质量单位，尝试应用数学和其他学科知识与方法解决问题，积累数学活动经验，形成量感、推理意识和应用意识。 5. 感受数学建模的一般过程。 6. 尝试从日常生活中发现和提出数学问题，探索分析和解决问题的方法，会用常见的数量关系和其他学科的知识与方法解决问题，形成初步的模型意识、几何直观和应用意识。 7. 愿意参与数学学习活动，体会数学的作用，尝试用动态的、发展的观点看世界。在学习活动中能提出自己的想法，在与他人交流的过程中，敢于质疑和反思。 8. 初步使用计算器、计算机、平板等进行自主学习，并进行数学的研究与成果的表述。 9. 在跨学科主题活动或项目学习中，体会数学与其他学科的广泛联系，感受数学的现实意义。 10. 感受数学表达的简洁性，数学思考的逻辑性，数学应用的广泛性，体会数学的"简易、变易与不易"。

基于学校数学课程的总目标，确定各个学段、年段、学期、单元、课时的分目标。在制定单元、课时目标时，需要关注下面的两大原则。

1. 共性与个性相融的原则

对于学生而言，教学目标应当提供具有基础性的知识框架、能力结构和全面素质，从而为每个人的终身发展服务，必然会体现其共性。但是由于学生身心发展的差异、学习基础的不同、学习特征的迥异，教学必须要努力面向不同的学生的需要，实现因材施教。根据不同学生的起点水平与最近发展区，把教学目标设计为有跨度的、有层次、有弹性的上下限，关注每一位学生，发展每一位学生，必然也需要呈现其个性。

对于教师而言，教学目标同样也具有共性与个性。需要在预设的教学目标这一共性要求的前提之下，根据教学的实际进程和学生的发展情况，以及师生共同创造的学习进程，对教学目标进行及时的改进，使之更具适切性与实效性。目标的制定不是一成不变的，而是因人、因时、因地、因班而异，要在朝向目标的行进过程中，加以个性化地调适与修整。

2. 本位与整体对接的原则

从教学目标所完成任务或发挥的作用方面分析，教学目标既要完成本位性的任务，也要发挥整体性的作用。

从一节课的教学目标这一封闭系统来看，教学目标本位性任务是指每一具体层次的教学目标都有自己的指定任务和特定要求，完成好本位性的任务，是实现整体性功能的前提。但是每一具体层次的教学目标都不是孤立系统之外的，而是系统内部不可或缺的一部分，因此需要教师从全局思维的角度出发，通盘考虑不同层次和不同类型的教学目标间的关系。

而如果我们把一节课的教学目标放到开放的目标体系来看，从学科这一维度来看，这一本体还需要与单元目标、学期目标、学段目标甚至更为长程的目标整合；从儿童生命成长这一角度来看，这一本体还需要与其他学科的近期学习目标、学期目标、学段目标甚或学校培养目标、中国学生发展核心素养目标整合对接。

四、结构设计的全景视域

"双减"政策背景下，学校管理者需要走出狭义的课程定义，迈向更为广阔的课程理解，全面关注学生在学校生活中所获得的对人生意义的体验、对学习价值的体会和对生命成长的体悟。从这个意义上来说，课程的全部意义在于育人。

从理念认同到躬身实践，学校管理者在做足、做好"减法"的同时，同样重要的是做好、做优学校课程统筹与整合的"加法"。确保每一位学生在校学足、学好，其前提是增加高质量的课程供给，让每一位学生拥有更丰富的课程选择、更充分的课程体验、更适合的课程支持。

通过有效链接课内与课后，整体设计课程与教学（如图2-14、表2-2），帮助每一位学生发现自己的天赋，找到自己的热爱，并把兴趣、热爱和坚持与梦想、责任和使命相连接，让成长自然而然发生。通过基础类必修课程、发展类必选课程、拓展类可选课程、创新类特选课程，为学生奠定健康之基、品格之基、能力之基，助力每一位学生全面发展且学有所长。

15:30以前的课内教学时段，主要通过基础类必修课程、发展类必选课程夯实根基、激发兴趣、发现天赋、培养思维、培育素养；15:30以后的课后服务时段，重在通过拓展类可选课程、创新类特选课程拓展视野、聚焦天赋、发展兴趣、培养特长、培育优势。

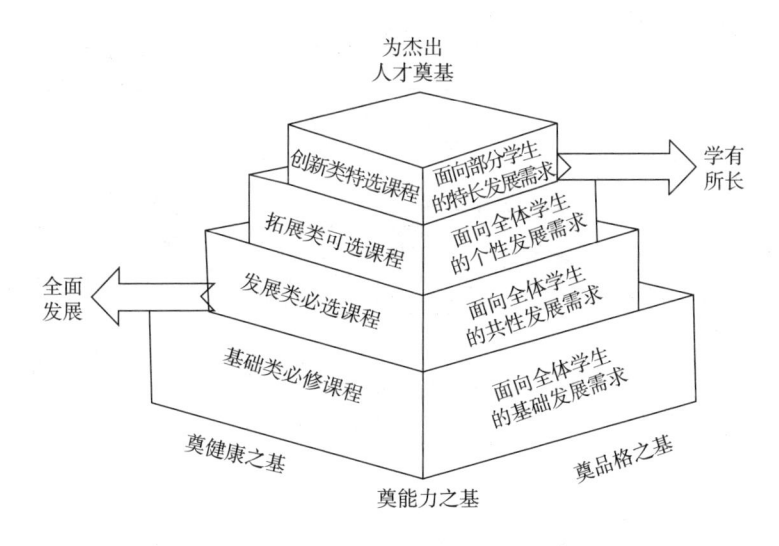

图2-14 清华附中广华学校小学部课程结构图

表 2-2　清华附中广华学校小学部课程类型表

课程类型	课程对象	课程定位	实施路径
基础类必修课程	面向全体学生的基础发展需求	国家课程的校本化实施	数学课程
发展类必选课程	面向全体学生的共性发展需求	国家课程的发展性补充	思维乐园
拓展类可选课程	面向全体学生的个性发展需求	校本课程的个性化创生	选修课程
创新类特选课程	面向部分学生的特长发展需求	校本课程的项目化推进	社团课程

通过四类课程的高质量实施与动态化实践（如图 2-15），丰富学校数学课程类群的供给，推进学校数学课程系统的运行，优化学校数学课程群组的生态，并以此有效助推教师的专业化发展，有力支持学生核心素养的全面提升。

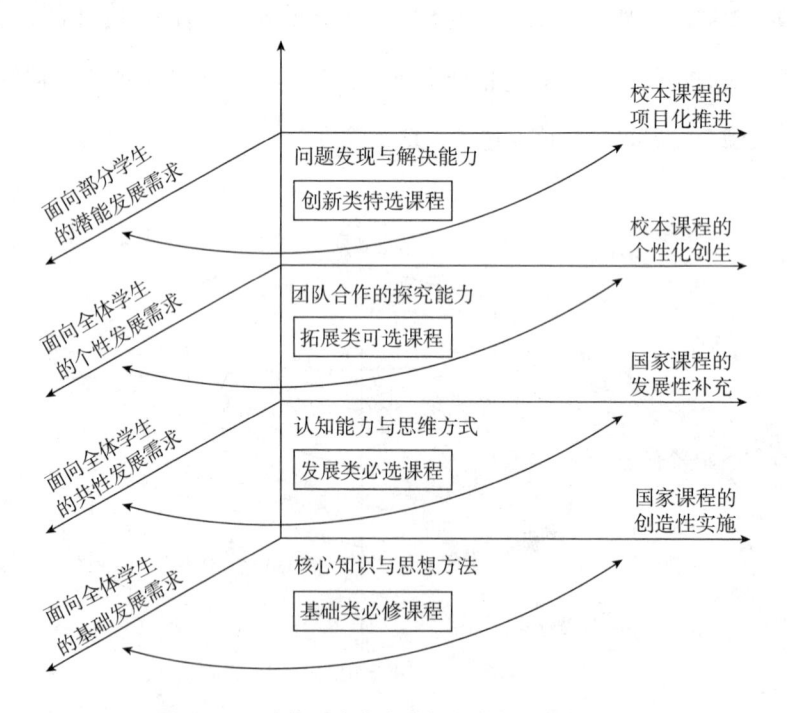

图 2-15　清华附中广华学校小学部课程关系图

五、课程实施的整合视角

1. 基础类必修和发展类必选课程建构的"二八分配原则"

学校数学必修课程以 2022 年版《义务教育数学课程标准》为指引，以人教版小学数学教材为主要载体，全面整合各个版本各种资源，20% 的自创课程内容与 80% 的国家课程内容相互融合、相互补充。以每周"4 节数学基础课程＋1 节思维拓展课程"为路径助力学生数学素养的全面提升。

（1）整合各版教材内容让数学变得自生长、可迁移。将各个版本的电子课本作为课程的重要资源。以人教版教材为主体，对多个版本的内容进行适度融合，对同一版本的内容进行单元整合，形成可生长、可迁移的数学内容体系。

（2）整合各类数学绘本让数学变得有意义、有意思。建立与教材配套的数学绘本资源库。通过数学绘本的学习与互动，绘本故事的阅读与分享，让数学变得生动有趣。将数学绘本与数学故事作为课外阅读材料，提供给学生在课后服务自主学习时段进行拓展阅读。

（3）整合原创童话故事让数学变得有童趣、有情节。由特级教师牵头，以故事为载体，以数学为内核，尝试进行《魔法森林》等数学童话故事的创编。数学童话故事与学科教学内容相衔接，可以作为学生课前自主预习、课中学习指导、课后整理复习的重要载体。

（4）整合数学实验研究让数学变得有形象、有过程。一方面重视借助实物操作进行的数学实验；另一方面重视通过技术手段进行的模拟实验。如借助几何画板验证三角形的内角和是 180°，运用电子白板验证长方形的体积计算公式，通过 AR 技术进行观察物体等。

（5）整合综合实践活动让数学变得有情境、有价值。结合生活实际，设计主题活动。融时间单位、货币单位、长度单位、质量单位、面积单位、体积单位等数学内容于真实可感的生活情境，引领学生在生活中学数学、用数学、创数学，感受数学的实际价值，解决生活中的数学问题。

2. 拓展类可选与创新类特选课程建构的"长线短线结合"

在可选与特选课程内容的建构中，通过对学生进行课程需求调研、对教师进行课程开设意向调查，每个学期形成不同的选修课程群。既有短线的知识介绍类课程，在数学课节中进行数学讲坛的开设，如神奇的π、对称现象与对称图形、一笔画问题等。又有长线的研究性学习课程，在课后服务选修课程中开设，如数学绘本读写绘、小小数据分析师、冠军是怎样炼成的等。表2-3为2021—2022学年第二学期数学选修课程群组菜单。

表2-3 2021—2022学年第二学期数学选修课程群组菜单

类别	课程
数学与文学	诗歌中的数学、数学童话创编演、数学绘本读写绘
数学与历史	数学家的故事、数学猜想知多少、神奇的π、一笔画问题
数学与自然	昆虫与数学、自然界的数学家、神奇的兔子数列
数学与经济	财商课程、小小数据分析师、紫荆幸福市集
数学与建筑	图形拼搭、建筑模型、装修中的数学问题
数学与美术	走进圆的世界、对称现象与对称图形、神奇的黄金分割
数学与体育	赛期与赛制、排列与组合、应对的策略
数学与劳动	向日葵生长记、烙饼中的数学问题
数学与游戏	数学魔术、数学步道、数独游戏、数学魔方、快乐数学
数学+项目式学习	冠军是怎样炼成的、用地图绘制世界

通过四大维度的课程路径设置，把学科课程与活动课程、必修课程与选修课程、课内课程与课后课程、隐性课程与显性课程、国家课程与校本课程进行系统对接，助力每一位学生学有所乐、学有所创、学有所得。

第五节　课程创造：从特色到特质

数学是什么？在很多人的眼里，数学与艰涩难懂联系在一起，与枯燥无趣似乎有关联。在这样的理解中，数学变得让人敬而远之。数学，真的是这样吗？数学，只能是这样吗？对于小学数学而言，能否将有意义与有意思融为一体呢？

一、课程设计：缘起何方？

在这样的背景下，我们将学校课程从基础类必修课程、发展类必选课程、拓展类可选课程、创新类特选课程四大维度进行架构。基础类必修课程重点聚焦学科内部整合，发展类必选课程中尝试进行跨学科联合，拓展类可选课程和创新类特选课程进行主题背景下的超学科整合探究。在此四类课程的设计与实施中，尤为关注儿童视野下的数学类相关课程的校本化建构。

思维乐园课程作为发展类必选课程，就成为其中一个重要的组成部分，成为学校独具特色的数学校本课程。思维乐园课程分六个年级进行开发与实施，根据每个年段儿童的不同学习基础、心理特征、创意能力进行系统设计。

二、课程理解：路在何处？

思维乐园，其核心词是思维，研究的对象主要是数学，其后缀词为乐园，意味着研究的内容要有趣味、研究的方法要有创意、研究的过程要有乐趣。

思维乐园课程设计与实施的三大原则，分别为实验性、综合性与创新性。在内容的建构上，紧扣儿童与生活、儿童与数学、儿童与创造进行筛选、组合与建构；在方法的设计上，强调"动手做""做中学"；在过程的实施中，关注"问题意识"与"创意建构"。

思维乐园课程，综合"数学实验""数学游戏""数学魔术""数学步道"等方面的最新研究成果，以"纸""正方形""游戏棒""扑克牌""瓷砖""圆片"等为有形的操作与实验载体，以"问题"为导引，以"猜想""实验""验证"为主要环节，以新的问题为延伸，形成思维乐园的"鹦鹉螺"样态的教学模式。

三、课程创生：实施何为？

以五年级下册"一张纸究竟能对折多少次"作为实施案例，下文将阐述思维乐园课程的教学模式。

第一步：提出问题

猜一猜：将这张 A4 纸连续对折，最多可以对折几次？

第二步：操作感受

折一折：取出同样的 A4 纸连续对折，记录下对折的次数。

说一说：对比猜的次数和实际对折的次数，你有什么体会？

第三步：构建猜想

算一算：如果将这张 A4 纸连续不断地沿着宽对折，对折若干次后的宽度和厚度分别是多少？（想办法测量出 A4 纸的宽度与厚度，记录在如表 2-4 的表中）

表 2-4　纸张对折研究单

对折次数	1	2							
对折后的宽度/cm									
对折后的厚度/cm									

观察计算结果，你有什么新的想法？

想一想：如果要使对折的次数比之前这张 A4 纸多，所选择的纸要有什么不同？

第四步：实验验证

选一选：小组讨论需要怎样的纸张进行实验操作，并到学具筐中进行选择。

试一试：折一折，记录下它们最多能够对折几次。

1 号纸与 A4 纸不同的是＿＿＿＿＿＿，我最多对折了＿＿次。

2 号纸与 A4 纸不同的是＿＿＿＿＿＿，我最多对折了＿＿次。

（1 号纸为同样厚度的 A3 纸，2 号纸为与 A4 纸长宽相同但厚度明显略薄的透明纸）

事实上，纸的对折次数确实与纸张的大小及厚度有关。美国国家地理频道曾经有过一个折纸表演，众多学校也曾开展折纸次数的吉尼斯挑战，感兴趣的同学可以进一步了解。

第五步：总结延伸

通过以上的实验，你有什么收获和体会？除了纸张本身的厚度与大小影响对折的次数以外，还有纸张之外的因素是否也会对对折次数产生影响呢？

小组讨论。通过讨论，提出新的猜想：对折方法不同对于对折次数会不会有影响呢？

课后同学们可以继续用今天的研究方式探索哦！期待你们用数学论文、研究报告、PPT、视频剪辑等形式展示你们的研究过程与结构。

从"一张纸究竟能对折多少次"的实施案例中，我们不难发现思维乐园的教学模式是基于生活提出问题，基于操作提出猜想，基于实验进行验证，回归于生活实践，进而产生新的问题并拓展到新的研究实践。思维乐园的教学模型可以借助"鹦鹉螺"这一物化载体进行解释（如图2-16）。"问题—猜想—验证—结论—问题……"从一个问题到新的问题，从一项研究到新的研究……画出了美丽的研究"螺线"。

1. 问题：源于生活

思维乐园，以数学为研究的基础与核心，引领儿童在纷繁复杂的现实生活中对相关现象进行数学化的加工，从而形成有价值的数学问题或问题串。通过对问题的深度聚焦与适度求解，引领儿童不断丰富对数学的认知以及对生活的认识。

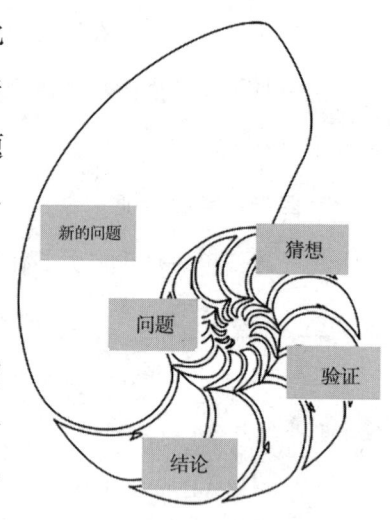

图2-16 "鹦鹉螺"教学模型

而在此过程中，"数学化"地观察就非常重要。引领儿童用数学的眼光观察，进而在此基础上用数学的思维思考，最后用数学的方式表达。而在这三个"用数学"的序列中，数学的眼光既是基础，也是目标。

在思维乐园的课程体系中，需要教师引领学生对其耳熟能详的现实生活的事物与事件进行数学化联想与结构化提取。看到花瓣的叶片时思考数量的排列规律，看到飞行的雁阵时想到夹角度数，看到排队过桥时想到统筹策略，看到纸张对折时想到最值数据……

2. 猜想：起于操作

随着一个数学问题的提出，要想得到答案，最便捷的方法也许是通过书本、网络、师长等途径得到。但是，这样的答案往往由于"速成"与"易获得"而难以留下真正有价值的影响。从农作物的成长规律来看教育，知识与经验的发生与发展也需要时间的积淀与过程的沉淀。

一张纸究竟最多能对折多少次？对折的次数与哪些因素有关？通过学

生自我的尝试、自主的实践、自觉的行动，自然而然地对理论上的无限次与实际中的有限次建构了联系，将直觉中的很多次与现实中的较少次又生发出了关联。

3. 验证：基于实验

这样的猜想，不是"无源之水，无本之木"，而是富有数学根基的，带有数学感觉的，直击数学本质的一种假设、一种假想，需要通过数学的方式加以验证。

用数学的方式加以验证，可以采用演绎法也可以采用归纳法。但是，当我们把对象聚焦到小学生时，更为行之有效的方法，同时兼具科学性与趣味性的就是实验。通过自主选择实验材料、合作设计实验记录表，通过多次实验进行观察、对比与归纳，最终对提出的猜想进行验证。

在"一张纸究竟能对折多少次"中，对于纸张对折的次数与纸本身关系的研究中，学生从两大维度进行了系统思考，可能与纸的厚度有关，也可能与纸的大小有关。在两个因素都可能影响实验结果的情况下，在大量的素材中进行筛选，控制一个变量，关注另一个变量发生变化时对实验结果的影响。从而，对提出的猜想进行了有效的验证，得出了关于纸张对折次数多少与纸张本身因素的关系。

4. 延伸：归于研究

一节课的开始，往往意味着全新的开始；一节课的结束，却不尽然是一项研究的结束。在思维乐园课程中，一个问题，往往是一个问题串的一部分。一个问题的解决，往往又是新问题的一个发端。而新问题往往可以借助已经解决的问题的方式与流程进行移植性研究。这里的移植，不仅仅是方法的移植，更为重要的是数学思想的贯通。

以"一张纸究竟能对折多少次"为例，在学生提出对折次数是否会与对折方法有关时，自然而言就会联想到控制其他无关变量（选择同样厚度、同样形状的纸),而专注于对折方式的变化。形成全部沿着长对折、全部沿着宽对折、一次沿着长对折一次沿着宽对折等不同的对折方式变化的实验操作思路,并通过数据的收集与对比,最终验证自己的猜想是否正确。

回顾"问题—猜想—实验—延伸—问题—猜想……"的教学过程,在思维乐园中,"鹦鹉螺"的教学模型正在形成。思维乐园的教学模式具有可发展、可延伸、可生长的特点,而事实上其教学内容同样也具有开放性、综合性与发展性的特点。

思维乐园"鹦鹉螺"教学模型的起始点是问题,生长点是猜想,关键点是实验,发展点是延伸。"鹦鹉螺"模型,是一个相对稳定的教学流程模型,同时也是一个寓意生长的教学导航地图,更是一个指向开放的学习研究空间。"鹦鹉螺"模型,可以按照一定的规则不断向外发散,意味着在遵循人的学习规律、发展规律的教学前提下,在思维乐园教学模式的大规则背景下,每个人、每节课、每位学生都可以生成具有自我意义与价值的发展螺线。

第三章
课堂篇：跳出数学看课堂

> 课堂的质量，决定了学生在学校的生活质量。"双减"政策之下，教育功能回归学校，其重要的途径与抓手就是课堂提质增效。好的课堂，是教师和学生的携手共进，是教与学的同频共振，是未知和已知的悄然相遇，是生命和生长的交相辉映，是未来和当下的美好邀约。

第一节 从发现规律到建构数学

数学是什么？古往今来，许多数学家、哲学家都给出了自己的见解。数学是关于现实的数量关系和空间形式的研究，数学是一种研究思想事物的抽象的科学，数学是量的科学，数学是结构的科学，数学是模式的科学，数学是研究事物数量和形状规律的科学，等等。不同的人对于数学都有不同的思考。

如果继续对"数学是什么"这一问题追根问底，我们所研究的小学数学，应该是与成人数学相对应的儿童数学，是与生活数学相对应的学校数学。从学校数学、儿童数学的角度思考"数学是什么"这一本质问题，或许对于教育者和受教育者更有益处。

一、"数学"地认知数学

学校数学、儿童数学究竟是什么？从教师教的视域、学生学的视角，我们会更贴近地面、接近现实。下面是两次课堂教学的片段以及随后进行的师生采访记录。

【课堂回放1】

师：长方形的面积可以怎样进行计算呢？小组合作进行研究，并在组内交流你选择了什么图形，用什么方法得到了面积。

第1组：用透明小正方形纸覆盖……

第2组：用小正方形摆……

师：没有全部摆满，也能看出一共要多少个小正方形吗？

生：因为一排5个，竖着摆3排就行了。

第3组：用尺子画格子……

师小结：比较这些方法，有什么相同的地方？

生：都要知道一共有多少个1平方厘米的小方格。

师：观察表格，长方形的面积和什么有关系？有怎样的关系？你发现了吗？

你能结合我们操作的过程，来说明吗？

生：长是几，一行就可以摆几个这样的面积单位；宽是几，就有几行这样的面积单位；知道了一共含有多少个面积单位，就知道了长方形的面积。

生：长方形的面积等于长乘宽。

【现场采访1】

教师1：要回答什么是数学，对我而言确实不容易，尽管我已经从教十多年了。以这节课来举例，"长方形和正方形的面积计算"主要是引导学生探索长方形和正方形的面积计算公式。通过学生的动手操作解决长方形的面积是多少的问题，并通过大量的实践探索，在现象之下追寻本质，长方形的面积与什么有关，究竟是什么样的关系，通过对数学内在规律的探索，感受数学的魅力，体验成功探究的乐趣。从这个意义上说，数学就是探索规律、发现规律的过程。

学生1：数学学习，是从"不知道"走向"知道"的探索过程。

学生2：数学，在猜想、研究与验证中让人感受到学习的乐趣。

【课堂回放2】

师：213×15是一道三位数乘两位数的乘法，面对这个新问题，你能独立解决吗？

生：213×5=1065　　213×10=2130　　2130+1065=3195

生：200×15=3000　　13×15=195　　3000+195=3195

生：213×3=639　　639×5=3195

师：三位同学都是把三位数乘两位数转化成我们以前学过的知识来解决的。

生：我是用竖式计算的。三位数乘两位数没学过，但两位数乘两位数我们学了，三位数乘两位数的方法其实也是一样的。先用"15"个位上的"5"去乘213，得1065。再用"15"十位的"1"去乘213的213，得到213个"10"，最后加起来就是3195。

师：原来是把我们前面学过的两位数乘两位数的笔算方法，直接迁移类推到三位数乘两位数上了，你真不简单！

【现场采访2】

教师2：数学，就是一个充满联系的趣味世界。在三位数乘两位数的探索过程中，学生就能够基于三位数乘一位数、两位数乘两位数的计算法则，通过知识之间的迁移，寻求解决问题的思路与方法。

学生3：数学学习的内容是有规律可循的。而在研究的过程中，方法也是可以借鉴的。

学生4：数学学习，就是找规律、用规律的过程！

【课堂回放1】的课题是"长方形和正方形的面积计算"，从学习内容看属于空间与图形领域，从学习类型分类看属于概念性知识的学习；【课堂回放2】的课题是三位数乘两位数，从学习内容划分属于数与代数领域，从学习类型划分归属于技能性知识的学习，看似没有客观联系，但是尽管两次课堂教学的数学内容所属领域不同、数学学习的方式不同，数学学习的展开过程也不尽相同，然而立足于学校数学与儿童数学的视野，透过课堂现场关注其教与学的理念，我们可以发现数学学习还是存在着很多共通之处。探索规律、发现规律、运用规律、迁移规律、拓展规律的过程在两个案例的数学学习中得到了充分的展示。因此，从某种意义上而言，数学就是"找规律"。

二、"数学"地表达数学

所谓规律就是一切事物、现象之间固有的、本质的、必然的联系。昼夜交替四季轮回，潮汐涨落周而复始。产生这些永恒不变的原因便是规律。找规律是人类认识和把握客观世界的重要手段。

数学是刻画自然规律和社会规律的科学语言和有效工具。数学学习中存在着三种相互渗透与相互支持的不同的知识：概念性知识、技能性知识和解决问题策略性知识。与之相对应的有三种类型的数学学习：概念性知识学习、技能性知识的学习与解决问题的学习。

概念、定义、公式、法则、定律、规则等都是概念性知识。对于学生而言，有概念同化与概念顺应两种概念获得的方式。当学生学习新的数学概念时，或者利用认知结构的已有概念与新概念建立联系，或者从大量具体例子出发，概括出新概念的本质属性。

形成运算技能是数学学习中的重要部分。运算技能的形成分为三个阶段：第一个阶段是认知阶段，在此阶段初步明了运算法则；第二个阶段是联结阶段，把叙述性知识转化为操作行动；第三个阶段是自动化阶段。而从前例的"三位数乘两位数"的计算技能的习得过程中，我们也可以感受到，运算技能的形成初期也是建立在思考、探索、发现、归纳的规律发现基础上的。

解决问题是一种更为高级的学习活动。学生在解决数学问题时，需要重组已有的数学知识，找到适切的解决方法。问题一旦解决，学习就成为一种资源。在解决问题中所形成的一些策略就会被储存下来，成为数学认知结构的重要组成部分。根据波利亚"怎样解决问题"表，解决问题分为了解问题、找出已知与未知之间的联系、实行计划、验证解答。而其中关键的步骤"寻找已知与未知之间的联系"，从广义上说也是寻找不同数量之间的内在联系、内在规律。

从三种类型的数学知识学习来看，数学学习的过程其核心就是"找规律"的过程，而在此过程中，教师应该帮助学生找准找规律的起点，丰富找规律的过程，丰富找规律的体验，从而进行数学思考、累积数学学习经验、获得数学素养的提升。

基于对数学就是"找规律"的认识，在教学设计与教学实践中，应重在引导学生经历探索规律的过程。数学教学的价值取向，不应仅仅定位于形成结构、掌握规律，而更应为重视寻找规律过程中所获得的数学思想方法、所累积的数学学习经验。

三、"数学"地建构数学

1. 体会抽象：直面问题的数学本源

在数学学习中，问题情境是基础，自主探究是重点，思维提升是归宿。问题情境是"找规律"教学的基础。由于数学在本质上是高度抽象的，其研究的大多是经过多级抽象的形式概念，因此这样的概念需要借助于其具体原型。数学教学要紧密联系学生的生活环境，从学生的经验和已有知识出发，通过创设有助于学生自主学习、合作交流的具体问题情境，逐步完成从图到形、从形到数的抽象。

（1）从图到形的抽象

数学的概念、运算性质、运算定律和计算法则、公式等都是抽象的结果。相对于那些明显具有现实原型的数学对象而言，数学抽象是一个理想化的过程。

就比如在现实世界里找不到"没有大小的点""没有宽度的线"等。而认识数学中抽象的角也并不容易，无论是皮亚杰的认知发展理论，还是霍尔的几何分层理论，"角"都排在较高的认知水平与层次。教材或者把角看作"从一点引出两条射线所组成的图形"或者认为"是射线绕一点旋转的结果"。因此寻找合理的原型支撑显得尤为重要，需要帮助学生经历一个从现实到直观再到抽象的过程。苏教版二年级下册"认识角"这一课中，教材中呈现了一幅主题图，图中有三角板、作业本、时钟等物体，在这些物体上角是广泛存在的。三角板、作业本、时钟上都有角，虽然角的位置不一、大小不一、边的长短不一，但都符合角的基本特征，角的特征是连接这些图形的共同点。如果去除了情境的现实意义，具体的图都可以抽象为"∠∟∨"，其本质特征是统一的。

又如苏教版"间隔问题中的规律"这一课中，教材中呈现了一幅主题图，图中有三组物体：9块手帕和10个夹子、7个蘑菇和8只兔子、12块篱笆和13根木桩，有利于学生基于原有的认知基础发现简单排列中隐含的数学规律。从每一组物体的单独呈现到三组物体的集中显现，系统化地进行观察，就能感悟到"1个夹子1块手帕，1个夹子1块手帕……；1个蘑菇1

只兔子,1个蘑菇1只兔子……;1块篱笆1根木桩,1块篱笆1根木桩……"这样一种"一一间隔"的排列现象的典型特征。手帕与夹子、蘑菇与兔子、篱笆与木桩,在排列过程中都遵循同一种规律,只不过这种规律表现在了不同种事物上。"一一间隔排列"是三组事物的共同点。如果去除了情境的现实意义,三组事物都可以抽象为"□○□○□○□○……",其内在的结构是统一的。都是具有一一对应的一组事物,依次不断重复出现。

(2) 从形到数的抽象

事实上,全部数学概念,初等的、原始的自然数、整数,最基本的点、线、面等图形,以及在此基础上形成的有理数、无理数、复数、函数、微积分、n维空间、无穷空间等一系列高度抽象的概念,都源于非常实在的现实"原型"和知觉经验。因此,在教学中需要教师合理利用现实原型,借助知觉经验,并在此基础上引导学生逐步剥离非本质属性,关注本质属性,其所反映的已不只是这一特定事物或现象的量的特性,而是一类事物在量的方面的共同特性。

在"倍的认识"一课中,通过关于形的数量研究,借助摆一摆操作活动,启发学生回顾两个数量间的依存关系:"相等"或"相差",并在此基础上引出"倍"。"倍"这一概念是学生首次接触,因此,教师在教学中给学生提供充足的时空,让每个学生摆一摆、说一说、议一议、评一评,凸显学生思维的真实状态,并在不断的挑战中修正、提升。以2倍为本,引领孩子实现倍的认识的第一次抽象的飞跃。无论是3个圆片与6个圆片,还是3个正方形与6个正方形、3个三角形与6个三角形,都存在着2倍的关系。从2倍到3倍、4倍……引导学生充分关注一份数,从而洞悉倍的内涵,引导孩子进行第二次抽象的飞跃。在变化形的基础上,从圆片到正方形到三角形,认识到只要存在"几个几"的关系,就存在倍数关系。从形的支撑,到数的抽象,凸显了数学的规律本质。

2. 体验过程：直视现象的数学结构

规律是隐藏在大量同类现象背后的共同本质，数学教学难点在于如何让学生通过直观地解决问题去感悟其中抽象的数学结构。解决这个难点的关键就是让学生主动参与，因为没有主动参与就不可能对数学知识、数学思想方法产生体验。因此在课堂上必须让学生充分暴露思维过程，让其参与教学实践活动，充分发挥他们的主体作用。学生在动脑、动手、动口的活动中领悟体验数学的方法、策略与思想的形成过程，发现其中隐含的数学关系。

（1）在阶段递进中把握方法

布鲁纳认为，儿童的认知发展不是刺激与反应结合的渐次复杂化的量的连续过程，而是由结构上迥异的三个阶段组成的阶段性的质的过程。这三个阶段是行为把握、图像把握、符号把握。其中，行为把握是从动作中认知的阶段，图像把握是把事物当作视觉的或听觉的想象进行掌握。图像把握以视觉图像为主，以听觉图像为辅，图像把握比行为把握的认知机制更复杂。在行为把握中，一个刺激只产生一个反应（认知），而在图像把握中，对一个刺激可以同时做出两个以上的反应。符号把握是依靠语言符号表现的认知在符号把握中，物体所具有的诸要素已分别语言化了，可以依据语言所具有的作用，认识事物诸要素间的关系，所以能够达到逻辑把握。因此，教师需要在教学设计中明确每一环节所对应的学生的认知发展阶段，并在次基础上引导学生不断向更高阶段推进。

如苏教版二年级下册"有余数的除法"，首先是操作活动，把10支铅笔分给小朋友，要求每人分得同样多。可以怎样分？教材没有规定方法，由学生自主选择，每人可以分得2支、3支、4支或更多支。教材创设了合作学习的情境，并让学生把分的各种情况记录在一张表格里。组织他们通过操作、填表、观察、分类、交流等活动，发现平均分东西时，不是都能正好全部分完的,经常可能还剩下一些不够继续分,从而初步形成"剩余"的表象。接着以"10支铅笔,每人分得3支,还剩1支"这种情况为例,介绍除法算式及余数。然后让学生"试一试",把分铅笔有剩余的其他几种情况也分别用除法表示,在模仿中继续体会有余数除法中的"商和余数"的具体含义。最后是充实感性材料,形成概括性的认识。学生初步建立概念的时候,往往需要大量的事实来支持。"想想做做"让学生继续进行分圆片、分三角形纸片等活动,观察、想象把花插入花瓶的现象,比较概括地认识平均分东西的时候,如果没有正好全部分完,都可以用有余数的除法来计算。这样的过程,让学生在操作中积累感性经验,形成了丰富的动作思维,并逐步引导学生从行为把握阶段走向图像把握阶段。

(2) 在差异引领中感悟策略

课堂教学中学生思维差异是客观存在的,我们应该承认、尊重、关注和正视差异。尤其在数学"找规律"的过程中,"找"的速度的快慢,"找"的方法的优劣,都充分体现了学生的思维差异。有效利用学生的思维差异,那么差异不仅不会成为"找规律"的阻力,而且还能转化为整体策略提升的动力。

以人教版二年级上册"搭配(一)"而言,涉及排列与组合的内容。人教版教材分两个单元安排相关内容,第一次为二年级上册,第二次为三年级下册。面对教材的分段安排、螺旋上升,教师需要给予每一位学生自由的、自主的研究与探索实践的机会,给学生更多表达的平台、展示的动力与成长的可能。当学生在研究"1、2、3组成两位数,每个两位数的十位数和个位数不一样,能组成几个两位数"时,需要充分给予学生探索的时间和空间、交流的途径与方法。面对不同学生的不同资源,有直接写个数的、有先列举再写个数的、有列举不全的、有按序列举的、有列表列举的、有画图列举的……当不同思维层次的学生都有机会将思维外化的时候,当特殊方法的学生有机会当众讲解的时候,交流式的学习、引领式的学习、分享式的学习正在发生。而在多样的方法、多维的途径、多元的策略中,不仅仅是师生"教学相长",更为重要的是生生"教学相长"。"从游",让学习自然发生。

又如:小学阶段关于数的计算转化,就有很多应用。小数乘法、异分母分数加减法等等。形的计算,也有很多例子。求周长时,紧扣周长不变,化不规则图形为规则图形。求面积时,紧扣面积不变,化新知识为旧知识。在体积计算时,转化的路径更为丰富。在立体图形的体积复习中,教师不妨设计求如图3-1立体图形的体积这样的挑战性问题。学生既可以用补的思路,先求2倍大小的完整长方体,再除以2,也可以先分后补,先求下部的标准长方体体积,再求上部非标补成完整小长方体,再除以2,还可以变化图形的位置,将前面转化为底面,直接使用底面为梯形的直棱柱体积计算公式进行计算。而在这样的相互讨论、相互碰撞、相互启发的过程中,学生收获的不仅是知识、是技能,更是思想、是情感、是成长。

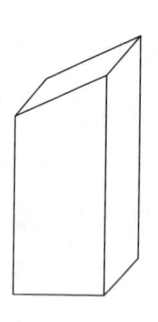

图3-1 立体图形体积计算

(3) 在沟通联系中感受思想

不同的数学内容,看似"风牛马不相及",如果统一到"数学就是找规律"的视野,就能建立起特殊的联系,甚至也可以统一到一个一般的数学关系中。用数学的基本思想方法来统领,就能凸显一类数学现象的本质。数学思想方法又可分为两个层次:一是一般科学方法,如观察、实验、比较、分析、综合、归纳、类比、抽象等;二是数学中常用的数学思想方法,如函数与方程、数形结合、符号化与形式化、分类讨论、化归等思想方法。

函数的思想方法就是运用运动和变化的观点、集合和对应的思想去分析问题的数量关系，通过类比、联想、转化，合理地构造函数，运用函数的图像和性质，使问题获得解决。函数的思想方法是最重要、最基本的数学思想方法之一。虽然在小学数学中没有正式引入函数概念与函数关系式，但这不等于没有函数的雏形、没有函数思想的存在。在小学阶段渗透函数思想方法，可以使学生懂得一切事物都是在不断变化，而且是相互联系与相互制约的，从而了解事物的变化趋势及其运动的规律。这对于培养学生的辩证唯物主义观点、培养他们分析和解决实际问题的能力都有极其重要的意义。除了典型的"用字母表示数"，教材还有许多地方也蕴含着丰富的函数思想，反映着有规律的事物，只是表达形式不一样。比如在一年级数数的活动中可以引导学生在一个一个地数，两个两个地数，五个五个地数……"正"着数、"倒"着数中体验、发现并描述出在数数过程中的"规律"。同样，20以内加法表、九九乘法表中也蕴含丰富的规律，在"和不变""差不变""积不变""商不变"等条件下，发现两个数之间的函数关系。百数图、日历表中除了横、竖、斜的排列规律，还可以探究每一行中或每一列中相邻两个数的关系，甚至两行两列相邻4个数乃至三行三列相邻9个数之间的关系，这些关系也可以尝试用字母表示其函数关系。另外基本数量关系：周长、面积、体积公式，总价、单价与数量，工作总量、工作效率与工作时间，路程、速度与时间及正比例、反比例都是函数关系的体现载体。在立体的沟通中，数学"找规律"的过程就变得丰富与生动起来。

3. 体悟关系：直达抽象的数学模型

小学生所经历的数学学习，大多是植根于生活中的实际问题，通过简化抽象形成数学问题，并通过数学化的观察，找到事物之间存在的稳定的关系结构，进行解释验证后加以拓展应用的过程。寻找规律的过程，是建立模型的过程；确定规律的过程，是确认模型的过程；应用规律的过程，就是运用模型的过程。找规律，不应止步于形式上的模型的获得，而应追求实质上的结构的理解。

（1）从"可观察的现象"走向"可探索的关系"

直观的观察发现固然重要，但它往往还远非找规律的终点，最终还必须在直觉的基础上获得思维的进一步提升。表象的建立有助于更快地摆脱具体事物的束缚，向抽象思维过渡。而超越表象，将帮助学生形成稳固的、对于数学元素关系的认知。

如：在人教版四年级上册数学广角"烙饼问题"中，面对"每次最多只能烙2张饼，两面都要烙，每面3分钟。爸爸、妈妈和我三个人每人一张饼，怎么才能尽快吃上饼"这样的挑战性问题，学生可以借助学具帮助思考，通过操作找寻路径，基于反思形成策略。通过独立思考、同桌交流、小组汇报，讨论"12分钟"和"9分钟"的不同解决问题的策略，初步感受运筹思想在实际中的运用。体会"同时烙、不空锅"的优化策略。以3张饼的研究为基础，整体建构饼的张数与总时间的关系。通过分类研究，解决双数张饼的烙法，形成两张同时烙的细化策略。探究单数张饼，以1张饼为研究的起点，研究烙3、5、7、9……张饼的最少时间，归纳形成"＞3张饼"时，将总饼数转化为"3张＋双数张"，从而形成关系模型。通过分类研究，在变量与变量之间建构出了一种稳定的、不变的联系，这就是一种数学模型。这样的学习经历了感性发现与理性思考，学生不仅找到了规律，而且知道了规律存在的原因、规律存在的必然性。

（2）从"多样途径"到"更优的模型"

在借助学生生活经验的基础上，必须引导学生学会用数学的眼光去观察，从数学的角度去思考，用数学的语言去表达，揭示现象中的规律。以苏教版五年级上册"找规律"为例，周期现象的规律表现为一种周而复始、循环出现的结构，这种确定的结构是现象的周期。通过画周期、写周期、符号表示周期等环节引导学生经历由表及里、从富有个性到具有共性的认识过程，揭示"周期现象"的本质特征后，需要学生自己经历抽象概括、形成结构，并优化算法的过程。由于各人的思维习惯、认知策略以及选择的学习方式不同，必然会呈现多样的方法。在解决"盆花"问题时，学生因为自主选择而呈现出多种解决问题的方法。在关注多种方法的共性与特殊性后，利用"彩灯"问题优化方法，通过"彩旗"解法成型，最后借助"反思"沟通除数、余数与规律之间的内在联系，建立数学模型，使学生亲历数学知识的产生、发展与形成过程，学会从数学的角度去观察、思考、解决问题，从而培养抽象概括的能力。"被除数÷除数＝商……余数"就是周期问题的典型算法。

(3) 从"一种规律"引出"更多的规律"

学生在具体情境中理解了算理，但学生思维不能仅仅停留在模型的结构上，要让学生亲身经历将不同的实际问题抽象成数学模型，并运用模型解决问题的过程。用数学模型的眼光来观察，用数学模型的语言来解释，用数学模型的关系来推理。

在运用模型阶段，不能硬贴标签，不能死套公式，而要在丰富的、变化的情境中，为学生从生活问题中提取数学问题提供条件。在教学过程中，应让学生在头脑中对类似现象加以回顾，抽象概括后统一整合到数学模型中，培养学生的抽象概括能力，同时从生活中寻找丰富的数学原型，也反过来有利于建构对数学模型的表象支撑系统。

如"商不变的规律"的教学，在探究得出"被除数和除数同时乘或除以相同的数（0除外），商不变"的规律之后，也为模型的变式与拓展提供了坚实的研究土壤。教学中可以引导学生进行思辨，"被除数不变，除数乘或除以几（0除外），商发生怎样的变化？""被除数乘或除以几（0除外）不变，除数不变，商发生怎样的变化？""被除数和除数分别乘或除以一个数（0除外），商发生怎样的变化？"从商不变的规律到商的变化规律，研究不断深入，实践不断深化，理解不断升华。

回顾数学教学的过程，其实也存在一定的教学规律。需要教师引导学生经历朴素的动手操作、丰富的表象思考、简约的列式计算、抽象的数学模型的"找"的过程，在不同层次的"找"中，体会联系、体验过程、体悟关系、提升思维、提升能力。

第二节　从学习规则到建构模型

小学数学规则的主要内容为法则、定律、公式等。规则学习是小学数学学习的重要组成部分。如何帮助学生更好地自我建构小学数学规则，我们在学习与思考中，用实践行动作答。

一、"三议三上"：从此案到彼案

以数学规则教学为主题，笔者所在学校的四年级数学备课组进行了三次主题沙龙。

在第一次沙龙中，备课组认为规则教学的一般模式为"提供情境、形成猜想、进行验证、形成规则、运用规则"，即"观察—猜想—验证—运用"。随后以"5的倍数的特征"为例进行第一次教学尝试，通过观察形成猜测，并通过大量举例得出结论。

在第二次沙龙中，备课组老师对于"小范围观察—形成猜想—大范围验证—得出结论"给予充分认可，但同时指出在举例指导上教师缺位。在第二次尝试中，在如何举例验证这一环节，教师着力借助比较，引导思考。"我更喜欢第二位同学的。因为他举的例子有三位数、四位数、五位数，类型不同，比较全面。而第一位同学都找三位数，只能说明三位数中，个位上是5或0，都是5的倍数。"这样的思辨规避了简单应用不完全归纳推理的弊端，体现了让不完全归纳走向"完全"的雏形。

在第三次沙龙中，一位同学的提问引发了新的问题链。"我们举的例子中有三位数、四位数、五位数，我自己还计算了一个九位数，都是成功的。但是如果计算器不能算出来的数，是不是也成立？"于是，我们开始了第三次教学尝试，"从一位数到两位数、三位数、四位数、五位数……甚至我们同学任意举例的九位数，我们举了这么多例子，有没有不符合猜想的？""到目前为止我们还只能说明九位数以内的整数可以通过个位进行判断。""如果是十位数、十一位数……不能借助计算器计算，应该怎样思考呢？"在不断的追问与自问中，从感性的不完全归纳走向了理性的初步推理思辨。

三次沙龙，三次执教，三次反思，从理解到建构，从建构到重构，教研教师不断丰富着对于规则教学的理解，也享受着"从此案到彼案""从此岸到彼岸"的研究的幸福。

二、"三省三思"：从此岸到彼岸

（一）内容解析：从字词句段走向篇章体系

小学数学中的规则学习如散落的珍珠，遍及小学教材的12册。在规则教学过程中不能见木不见林。需要教师站在全局出发，了解其内容体系。在体系中确定每一单元、每一课时内容的位置，了解其在知识体系中的价值与作用。

1. 基于系统视野解读文本

在小学数学规则的学习中，根据所学数学规则与原有认知结构中有关数学知识之间的关系，规则学习主要分为上位学习、下位学习和并列学习。

如果所学习的新知识在概括水平上高于原有认知结构中的有关内容，需要归纳、综合、概括成新的数学规则，那么这时的学习就是上位学习。上位学习须具备两个条件：一是所学习的数学规则在概括层次上要高于原认知结构中的已有知识；二是原认知结构中要有可供归纳和概括的内容。如：根据长方体的体积计算公式 $V = abh$、正方体的体积计算公式 $V = a^3$、圆柱的体积计算公式 $V = \pi r^2 \cdot h$，概括出计算公式 $V = Sh$。

如果所学习的新知识在概括水平上低于原有的认知结构中的知识水平，那么这时的学习就是下位学习。下位学习从其类型来分，又可以具体分为派生类属学习和相关类属学习。派生类属学习是将要学习的新规则整合到原有认知结构的有关内容中去，新规则对原有知识只起支持或证实的作用。如圆柱体的体积计算方法，借助于长方体的体积计算方法，通过把圆柱体转化为近似的长方体，从而派生出圆柱体的计算公式 $V = Sh$。相关类属学习是指将要学习的新规则整合到原有认知结构的有关内容中去，并使原有认知结构发生变化。如三角形面积计算公式虽然不能直接由平行四边形面积计算公式派生出来，但是可以通过平移、旋转、拼合，转化成平行四边形，从而得出三角形面积计算公式 $S = ah \div 2$。

如果所学习的新知识仅仅是由原有认知结构中相关内容进行的合理联系，借助类比进行学习，那么这时的学习就是并列学习。并列学习所采用的思维方法主要是类比，其关键在于寻找新规则与原有认知结构中有关法则、规律、性质的联系，在分析这种联系的基础上，通过类比实现对新规则的理解和掌握。如分数的基本性质、比的基本性质与除法中商不变性质，可以通过类比加以联系，统一对"除数不能为0""分母不能为0""比的后项不能为0"的认识。

2. 基于儿童立场展开过程

（1）重要规则多次渗透

为适应小学生认知能力及认知规律，小学数学中的重要规则，采用先渗透、再深化、逐步提高的分段编排方法。以苏教版教材为例：乘法分配律就采用了多次呈现、丰富感知、逐步深化的渗透式编排方法（如图3-2、图3-3、图3-4打勾部分及图3-5所示）。

教材中相关内容编排如下：

3. 25 × 16   √34 × 21   √13 × 29
   25 × 4 × 4   34 × 20 + 34   13 × 30 − 13

图 3-2　三年级下册《乘法》单元编排内容

6. 125 × 16   250 × 24   √501 × 20
   125 × 8 × 2 250 × 4 × 6   500 × 20 + 20

图 3-3　四年级下册《乘法》单元编排内容

√ 25 × 30 + 25 × 20   840 ÷ 40 − 400 ÷ 40
  25 × (30 + 20)   (840 − 400) ÷ 40

图 3-4　四年级下册《混合运算》单元编排内容

图 3-5　四年级下册《运算律》单元编排内容

（2）隐性规则多次感悟

根据儿童的认知特点，有些规则不形成命题的形式，而是通过习题给出。"隐规则"也是小学数学知识的重要组成部分。如减法、除法的运算性质，教材中未给出结语，但要求学生会利用它简化运算。以苏教版教材为例：一个数连续除以两个不为 0 的数，等于这个数除以这两个除数的积。这条规则作为隐规则，就多次在苏教版教材中通过习题形式展现。通过观察、计算、比较，感知规则，进而应用规则。教材中相关的内容呈现如图 3-6、图 3-7、图 3-8：

6. 84÷2÷2   78÷3÷2   96÷2÷4
    84÷4   78÷6   96÷8

图3-6　三年级上册《除法》单元编排内容

4. 800÷2÷2   900÷3÷3   600÷3÷2
    800÷4   900÷9   600÷6

图3-7　三年级下册《除法》单元编排内容

3. 848÷4÷2   900÷2÷3   909÷3÷3
    848÷8   900÷6   909÷9

图3-8　三年级下册《除法》单元编排内容

(二) 目标解析：从知识技能走向过程方法

规则教学作为数学教学的重要组成部分，其目标定位需要在整个数学教育的大目标体系中寻求到其对应元素。

1. 目标定位基于价值思考

对比各国的数学教育目标，可以发现相似度颇高，对于数学规则学习所承载的意义，也有很多相通之处。

法国小学数学教育的目的在于培养推理能力和发展学生的抽象思维，教学指导中特别指出要注意培养学生的论证能力。美国的《中小学数学课程与评估标准》指出，应当集中精力学会将推理和证明作为理解数学的一部分，以便所有学生承认推理和证明是数学的本质和有力的部分；提出和考察数学猜想；发展和评价数学争论与证明；选择和使用各种适当的推理形式和证明方法。而我国的小学数学课程标准认为：学生应"经历观察、实验、猜想、证明等数学活动，发展合情推理能力和初步的演绎推理能力"。合情推理是一种合乎情理的推理，主要包括观察、比较、不完全归纳、类比、猜想、估算、联想、自觉、顿悟、灵感等思维形式。合情推理所得的结果具有偶然性，但也不是完全凭空想象，它是根据一定的知识和方法做出的探索性的判断。演绎推理是由一般到特殊的推理，三段论是演绎推理的一般模式，它包括大前提（已知的一般原理）—小前提（所研究的特殊情况）—结论（根据一般原理对特殊情况做出判断）。

2. 目标定位关注过程体验

规则的教学，在小学数学中主要有两种方式。

（1）例证—规则学习。先呈现与数学规则有关的若干例证，再引导学生观察、分析，逐步概括出一般结论，从而获得数学规则。教材大部分内容都属于例证—规则学习。如：加法运算律、乘法运算律、长方形的面积公式、长方体的体积公式等都可以通过这种学习方式，通过归纳推理得到结论。

（2）规则—例证学习。就是指教师先向学生呈现某个规则，然后通过若干的实例来说明规则的一种教学模式。这种教学模式往往比较适用于规则的下位学习。其条件就是学生必须掌握构建规则的必要概念。例如，在学习了长方形的面积计算规则（公式）后，学生可以利用已构建的数学概念（正方形的特征以及正方形与长方形之间的关系等），直接获得正方形的面积计算公式，然后再通过多个例证来进行验证。

无论哪种学习模式，规则学习都是发现规则、确认规则、运用规则的全过程，并且在此过程中"经历观察、实验、猜想、证明等数学活动，发展合情推理能力和初步的演绎推理能力"。正如史宁中教授在《〈数学课程标准〉的若干思考》一文中所言："智慧并不表现在经验的结果上，也不表现在思考的结果上，而表现在经验的过程，表现在思考的过程中。"

（三）策略解析：从生搬模式走向模型建构

数学规则的建立是在教师引导下学生主动建构数学规则的过程。作为数学模型的重要组成部分，规则教学具有着模型教学一般方式与特征。各个版本的教材均向学生提供了现实的、有趣的、富有挑战性的数学规则学习内容，这些内容的呈现大多以"问题情境—建立模型—解释模型—应用拓展"的基本形式展开。

1. 规则的引入：在观察分析中建立猜想

小学数学中的法则、定律、公式等都是一个个数学模型，如何使学生通过建模形成数学模型？其中一条很重要的途径就是把生活原型上升为数学模型。一般可以向学生提出一些供研究、探讨的素材，并做必要的启示引导，让学生在一定的情境中独立进行思考，通过运算、观察、分析、类比、归纳等步骤，自己抽取模型，建立猜想和形成规则。

（1）用观察、实验的方法引入规则。教师提供材料，组织学生进行实验操作，通过动作思维去发现规则。如：长方形面积的计算，通过摆放小方块，感受小方块的个数与长和宽的关系，通过观察发现其规律，从而提出猜想。

（2）用观察、归纳的方法引入规则。如：前例中关于"5 的倍数"的特征的学习，通过枚举"100 以内的 5 的倍数"，进行观察发现其特点，形成猜想。

（3）由解决实际问题的需要引入规则。如：积的变化规律，教师通过呈现购物情境，"一本笔记本 3 元，买 5 本这样的笔记本需要多少元？买 20 本、50 本呢？"通过对算式的观察形成猜想。

2. 规则的确立：在合理验证中确认模型

从数学教学的角度看，在规则的探索与理解过程中，蕴含着丰富的教学价值，其模型建构的过程是学生数学学习的重要内容之一，其规律的探索过程可以渗透基本的数学思想，能增加学生的有效体验。从学生学习的角度看，学生对规则的探索与抽象的体验过程，直接影响着他们能否有效建构数学模型，在知识与应用中架构互通桥梁。

学生自主验证的过程是不断丰富认知的过程，是自我反省的过程，也是模型建立的过程。在此过程中，教师要摒弃走过场、纯形式的观点，要综合运用多种论证方法，帮助学生从懵懂走向清晰。

（1）分类枚举，归纳推理

归纳推理是从特殊判断到一般判断的推理。归纳推理的一般步骤为：实验、观察—概括、推广—猜测一般性结论。归纳推理分为完全归纳和不完全归纳两种。借助归纳推理可以培养学生"预测结果"和"探究成因"的能力。

完全归纳是根据某类事物的每一种特殊情况做出一般结论。在三角形的内角和的探究中，教师可以引导学生对不同类别的三角形进行研究，得出直角三角形的内角和是180°，锐角三角形的内角和是180°，钝角三角形的内角和是180°，从而得出任意三角形的内角和是180°。通过分类例举得出结论，从而形成清晰、完全、科学的数学认知，提升对于三角形内角和模型的认知程度。

不完全归纳是仅根据某类事物中的部分情况具有某种属性做出一般性结论，这在小学规则教学中更为常见。例如，2、3、5的倍数的特征、运算定律、分数的基本性质等。一般先举几个例子，然后再得出一般结论。不完全归纳法，因其存在一定的局限性，因此在例证的选择中需要作相关的指导。其基本要求是：①类型尽量多样。例证的类别要尽可能地广泛，每一个例证要能代表不同的情况。避免出现同一类型例证反复出现的情况。②考虑特殊情况。如：分数的基本性质、商不变的规律，都需要考虑到"0"这种特殊情况。否则，学生通过例证推理获得的结论将不科学。③尽量寻找反例。运用不完全归纳推理，要防止出现只根据一部分对象的表面的、偶然的事实，就轻率地推出全称性的结论。

(2) 理性分析，演绎推理

归纳推理是从特殊到一般的过程，而演绎推理则是从一般到特殊的过程，是根据一般结论推导出个别的、特殊的事物性质的推理方法。

数学推理的一个主要目标是使学生的推理能力得到发展，并且在他们的数学学习过程中，在合适的地方，获得构造证明方法的工具，应鼓励学生仔细地思考，理解并能够解释，随着学生对论证的方法越来越熟悉，用数学语言来表达的能力也越来越得到提高。

在小学阶段，大部分规则学习需要借助于归纳推理，而也有部分规则学习可以作为载体，培养学生初步的演绎推理能力。如"5的倍数"特征的不断探究问底，可以借助演绎推理进行证明。同时，在下位学习中也可初步渗透演绎推理的三段论的方法。如：正方体的体积计算公式是在长方体的体积计算公式基础进行后续学习的，教师可以适当引导学生初步运用演绎推理进行思考，因为"长方体的体积=长×宽×高"，而正方体是特殊的长方体，所以"正方体的体积=长×宽×高=棱长×棱长×棱长=棱长^3"。

3. 规则的运用：在类比推理中拓展模型

一个完整的学习过程，应该是由兴趣、知识、记忆、情感、感知、反省、行动、平衡、摄动、重建、迁移等组建而成的循环过程。体现在规则学习的模型运用过程中，模型的运用又催生着新的模型的产生。

（1）由"个体确认"到"群体链接"

事实上，在规则的学习中，往往可以通过类比推理，提出新的猜想，从而拓展出新的模型。类比推理的一般步骤为：实验、比较—联想、类推—猜测新的结论。

如在运算律的教学中，根据加法交换律的模型可以构建新的猜想：有没有减法、乘法、除法交换律？学习了乘法分配后，学生还可以建构出乘法对多个加数的分配律。探索得出积的变化规律，即"一个因数不变，另一个因数乘几,所得的积等于原来的积乘几",也可以通过类比推理,形成系列新猜想。

由于类比推理所得的结论有或然性,不能代替科学论证,所以在推出结论后,需要进一步论证或在实践中检验。继而进入了新的"猜想—验证—运用"的阶段。

(2)由"部分突破"到"整体迁移"

在规则的教学中,教师可以引导学生根据两个事物在一系列属性上的相似之点,通过类比推理,得出另一个事物也具有同样的其他属性的结论。新规则的衍生实则体现的是大数学视野下学生整体数学认知能力的提升。

如在图形的面积、体积计算中,运用类比推理进行思考:圆可以分成一些相等的扇形,再拼成一个近似的长方形,从而导出圆面积计算公式;直圆柱的两底面是半径相等的圆,因此可以把圆柱底面分成一些相等的扇形,按底面扇形大小切开,再拼成一个近似的长方体,从而导出圆柱体体积计算公式。在类比推理中,新规则与原有规则通过自我加工、自我建构,纳入同一个认知体系中,使认知结构更趋完善。

(3)由"正确掌握"到"灵活构建"

学生能否正确地运用所学的规则,除了能按规则正确进行操作,对规则运用条件的正确认知也是一个重要的方面。因此,教师必须重视对学生进行规则运用条件认知的训练。在"正确掌握"的基础上,要进一步培养学生灵活运用规则解决问题的能力,为此,应着重训练学生运用策略改造题目的能力,以及预见进程合理抉择的能力。"正确掌握"是"灵活构建"的前提,"灵活构建"是"正确掌握"的发展。

规则的学习过程,是一个不断数学化的过程,而研究规则学习的过程,也是一个充满思辨的过程。在此过程中,收获的不仅是数学的知识技能与方法，更多的是一种数学研究意识与真正的数学研究力。

第三节　从解决问题到问题解决

关于解决问题，数学课程标准（2011年版）在总目标中提出："初步学会从数学的角度发现问题和提出问题，综合运用数学知识解决简单的实际问题，增强应用意识，提高实践能力。获得分析问题和解决问题的一些基本方法，体验解决问题方法的多样性，发展创新意识。学会与他人合作交流。初步形成评价与反思的意识。"

数学课程标准（2022年版），在第一学段目标中提出"能在教师指导下，从日常生活中提出简单的数学问题，尝试运用所学的知识和方法解决问题。在解决问题的过程中，感悟分析问题和解决问题的基本方法"；在第二学段目标中提出"尝试从日常生活中发现和提出数学问题，探索分析和解决问题的方法，经历独立思考并与他人合作交流解决问题的过程，会用常见的数量关系和其他学科知识与方法解决问题"；在第三学段目标中提出"尝试在真实的情境中发现和提出问题，探索运用基本的数量关系，以及几何直观、逻辑推理和其他学科的知识、方法分析与解决问题，形成模型意识和初步的应用意识、创新意识"[①]。

一、关注问题心态，感悟解决问题的价值

各个版本的教材都非常重视学生问题解决能力的培养。而苏教版教材

[①] 中华人民共和国教育部. 义务教育数学课程标准（2022年版）[M]. 北京：北京师范大学出版社，2022：12-14.

又有个非常鲜明的特点，就是把"解决问题的策略"作为独立的单元内容。在四年级上册采用列表整理解决问题的教学中，教材的第一部分着重解决归一问题和归总问题，这些问题都是生活中常见的实际问题。由于学生已具有熟练解答两步计算问题的经验，缺乏对条件和问题进行整理的需要，必然没有探究的兴趣。于是我对例题进行了改编，为学生提供自然的、接近生活常态的信息，一方面激活学生解决问题的经验，另一方面也让学生对这些信息产生整理清晰、筛选恰当的需求。

出示经选择加工的主题图后，场景中的复杂信息让学生有些招架不过来，有的轻声抱怨："我还没有看完呢"；有的大声喊："老师，我觉得信息太多了，要仔细看一下呢"；有的说："我发现里面有的信息根本没有用，是蒙我们的，不能上当！"因信息的杂乱呈现，学生都产生了整理信息的需求，而"列表策略"的登场，就显得很有必要了：如何整理信息？怎样整理信息才能便于分析数量之间的关系？情感的差异调整到位，师生追寻的目标协调一致，课堂因此而渐入佳境。

归纳教材呈现的数学问题一般有两种情况：一种是已经学过并且记住的题，学生一看就知道怎样解答；另一种是以前未见过的陌生题，学生暂时不知道可以怎样解答。在解答前一种情况的题时，主要活动是"识别—提取模型—重复已有的解决方法"，通过再现与重复巩固知识，形成比较熟练的技能。在解答后一种情况的题时，则需要"探索研究—创造性地运用已有经验—重组新的认识"，从而在解题的活动中发展策略和创新能力。

问题的新颖性与策略的形成正相关。对学生来说，改编以后的问题是新颖的问题。新颖的问题具有挑战性，与策略的形成密切相关。策略在解决新颖的问题时最能体现价值，并在创造性地解决问题的活动中得到锻炼和发展。如果解决的实际问题总是限于已经学过的那些问题，则只是进行解题技能的操练，虽然不能说对形成策略毫无作用，但缺乏培养策略的内涵。

在实际的教学中，激发好的问题心态需要两方面的条件：认知条件和情感条件。认知条件是教师所提出的问题能使学生产生强烈的疑惑感，所以教师需要"激疑"。但这"疑"要有一个"度"，即要控制问题的难度，太容易了学生不感迷惑、学习动机淡漠，太难了学生会过度焦虑或产生逃避心理，从而丧失学习动机。情感条件是教师所提出的问题能让学生产生浓厚的兴趣。为此应考虑三点：一是问题情境中应包含学生喜闻乐见的现实生活；二是问题情境及解决问题的过程应呈现师生之间、学生之间的良好人际关系；三是用来营造问题情境及用来解决问题活动的教学具有"直观性""操作性"。

二、注重建立模型，体验解决问题的过程

策略不能直接从外部输入，只能在方法的实施过程中通过体验获得。事实上，学生最初的数学活动可能看起来都是经验性的。把学生的生活经验转化为"逻辑数学经验"，数学活动的体验必不可少。体验是一种心理活动，是在亲身经历的过程中获得的意识与感受。不同的学段都应根据学生的认知特点和知识水平相应地做出安排，使学生认识到数学与现实世界的联系，并通过观察、操作、思考、交流等一系列活动，让学生在现实情境和已有的生活知识经验中体验和理解数学。体验使数学教学不再是仅仅关注数学事实的接受和基本技能的训练，而是扩展到促进学生发展的各个方面。现以解决某"用列表的策略解决问题"为例，进行简要分析。

1. 数学化观察，导引策略

仔细观察、分析要解决的应用问题，提取其中的数学信息或将某些非数学信息抽象转化为数学信息。

面对如何整理信息这个问题，有的学生在尝试用线段图表示数量之间的关系；有的学生是用笔画一画，标出他选择的有效信息；有的学生将选择的信息抄了一遍，未想到信息的整理可以简化；有的学生摘录有效的信息，并有序地排列。虽然没有学生想到用表格的方式来整理，但他们自己整理出来的信息已具有列表整理的思想：筛选、分类、对应。在整理的经验上再进行交流和探讨，学生就很容易形成相对自身的策略而言比较优化的策略——从问题出发，通过列表对信息进行整理。完成这一步的具体方法与技巧，可以是记录、列表、画图、记在心里等等，此时主要运用了"量化思想方法"。

数学化观察中，要注重提取信息的认知策略。包括对外部刺激（即问题情境）的感觉、记录、记忆以及吸收有效信息的方法。这是解决问题的基础，要培养学生审题的良好习惯，教会学生审题的方法，如重点、关键所在、信息的等效转换等。其目的要使学生从问题的已知情境和目标情境中，最大限度地获得对解决问题有帮助的信息。

2. 建构模型，形成策略

在"列表解决问题"的教学过程中：

（1）带领学生经历填表的过程。一方面在现实情境中收集数学信息，另一方面整理各个数量在表格中的位置。

（2）引导学生理解表格的结构和内容，列表整理就是显示出这些数量的相对关系。

（3）启发学生利用表格理出解题思路。

（4）组织学生反思解决问题的全过程，说一说自己的发现，让学生感受函数关系。用发现解决问题的新策略来解决具体问题，用策略验证规则是否正确和完整，对原有的策略进行修改和完善，使自己发现的策略能解决一类问题。

首先从问题的情境中进行联想和筛选，把已知情境和目标情境联系起来，从而发现解决问题的策略，设计解决问题的步骤。从头脑里提取记忆信息，寻找学过的数学模型（包括数学的概念、原理、公式、方法、图像等），看其中的哪一个可以用来把上一步所提取的数学信息联结起来，组织成一个整体结构。此时主要运用了"结构化思想方法"（因为任何一个数学模型都是一种数学结构，数学主要是研究某一结构中各要素之间的关系，比如加法关系、乘法关系、函数关系等）和"逻辑化思想方法"（因为思考过程中必须运用逻辑推理）。

3. 解构模型，优化策略

对于学生用数学眼光建立的数学模型，不仅要从数学的角度加以解释与判断，还要引导学生追求解决问题策略的最优化。一般来说，解决某类问题会有最优化的策略，我们应该引导学生比较不同策略的优劣，克服自己的思维定势，以求得解决问题能力的最大提高，而且还要注意引导学生从生活的角度去加以优化与甄别，即运用所建之模型通过推理与计算得出所需的结果，具体方法与技巧可以是图形分析、列综合算式计算或解方程中的某一种。用生活眼光优化数学模型，培养学生思维的优选性，使数学学习成为有意义的学习。

4. 点活模型，拓展策略

生活中的真实问题不一定能用已学过的数学模型来完整、精确地模拟，此时就需要做两种策略中的一种：或者创造新的数学模型；或者把复杂的问题忽略掉某些因素，而使之化归（通俗地说就是"简化"）为较简单的问题，先运用已学过的数学模型解决它，再把被忽略的因素考虑进去，做出进一步的解答。学生要在原先的基础上创模、拓模，产生新的问题链。在实际教学中，我试图在课堂内外增加一些有生活背景的实际问题，并通过这些实际问题让学生领悟数学思想方法，让学生做数学、"创造"数学、交流数学、应用数学、感悟数学，拥有数学的独特气质，为学生提供施展才能、激发创造的舞台和空间。

5. 反省认知，超越策略

策略的有效形成必然伴随着对自己行为的不断反思。学生在解决问题的过程中获得经验，必须借助反思，才能有意识地了解自身行为后潜藏的数学实质，才能使思维真正深入"数学化"的过程之中。策略学习的反思活动将带来元认知能力的提升。

一个问题后的反思：从无序的思维引导到有序思维后，教师引导："从题中我可以知道些什么？当时我想到了什么样的方法？我是如何认识到怎样的策略是比较好的？此后遇到什么样的情况我可以选择什么样的策略？"等等。这样的过程实质上是学生对学习的一种自我监控，形成的策略是学生学习的收获，而对获得策略的过程所进行的反思与获得策略本身具有同样重要的价值。

一节课后的反思：当学生经历了一系列的解决问题的过程之后，教师就必须引导学生思考——运用所掌握的策略来解决问题，有怎样的益处与价值？这是对策略与解决问题的价值的再认识。如此不断地自我评价、自我调控，逐步达到问题的目标情境，实现解决问题过程的有序化和最优化。

一阶段后的反思：策略是超越具体问题而存在的。学生所形成的解决问题的策略从具体问题中来，对具体问题必然还存在着一定的依赖性。但是，随着学习的深入，水到渠成之时，引导学生领悟到：不管主题情境、题目条件如何变化，我们所掌握的解决问题的策略却始终存在自身独有的价值与意义——这是学习解决问题策略的灵魂。

让学生在回顾反思中理清思路，为日后迁移以及超越自我奠定坚实的基础。通过一系列自我观察、自我监控、自我评价活动，不断地促进学生通过自我反省而提高问题的解决能力。

第四节 从经历过程到感悟思想

弗利德曼认为:"数学的逻辑结构的一个特殊的和最重要的要素就是数学思想,整个数学科学就是建立在这些思想的基础上,并按照这些思想发展起来的。数学思想包括数学公理体系的思想、集合论思想……数学的各种方法是数学最重要的部分。"事实上,不管是数学概念的建立、数学规律的发现,还是数学问题的解决,乃至整个"数学大厦"的构建,核心问题都在于数学思想方法的建立。正如米山国藏所言:"无论对于科学的工作者、技术人员,还是数学教育工作者,最重要的是数学的精神、思想和方法,而数学知识只是第二位的。"

基本数学思想可以概括为三个方面,即"符号化与变换的思想""集合与对应的思想"和"公理化与结构的思想",这三者构成了数学思想的最高层次。对中小学而言,大致可分为十个方面,即符号思想、映射思想、化归思想、分解思想、转换思想、参数思想、归纳思想、类比思想、演绎思想和模型思想。数学方法则与数学思想互为表里、密切相关,两者都以一定的知识为基础,反过来又促进知识的深化及形成能力。方法是数学的行为,思想是数学的灵魂。方法,是实施思想的技术手段;思想,则是对应方法的精神实质和理论根据。

一、四种视角:让思想清晰可见

1. 从分离走向融合

数学是知识与思想方法的有机结合,没有不包含数学思想方法的数学知识，也没有游离于数学知识之外的数学思想方法。每一种数学思想方法都有其明确的概念、法则、公式等作为载体，而每一种数学知识的获得、技能的提升、经验的体悟，也都有数学思想方法的内在影响与作用。教师需要建立一种联系的观点，在知识中引导学生感悟思想，在思想引领下反观知识的发生发展，从而留下建构系统的认知结构。

2. 从平面走向立体

教学是整体的，也是立体的。教师应该有一种宏观的视野和整体的思维。每一种数学思想方法的生长，都是从平面走向立体的过程。如，化归的思想方法，不仅有抽象问题向具体问题转化，未知问题向已知问题转化，还有复杂问题向简单问题转化，有整体向局部的转化，特殊向一般的转化，还有正面向反面的转化。从教材序列来看，不仅有数与数的转化，有数与形的转化，还有形与形的转化。从学生的经验来看，不仅有简单的一次转化，也有复杂的多次转化。

3. 从隐性走向显性

就学习者而言，显性知识是能够言传的知识；隐性知识是所知比能言多、只可意会的知识。作为数学思想方法，很多时候不是教出来的，而是悟出来的。很多数学知识承载、蕴含着数学思想，需要学生经历一个感悟、体验和探索发现，甚至初步简单运用的过程，在这个过程中不断积累、不断提升，逐步将隐性的数学本质显性化。

4. 从外显走向内化

数学思想方法不是靠一两个词语的外显解释、刻意介绍就能走入学生内心的。真正的数学思想方法的获得，不是外界输入所能给予的，而是学生自我感悟的产物。需要提供多样的经历、体验的过程，从而，在这样的个体化的自我参与、主动探究的过程中，获得一种深刻的情感体验，同时也获得数学经验，并将这些经验凝练为一种思想，提升为一种策略，体现为一种方法。

二、四大步骤：让思想自然生长

以三角形的面积计算为载体，以化归思想方法的渗透为案例，在教学中需要教师充分理解教材、理解学生，合理重组教材、设计教学。

1. 结构化的思维

纵观我们现行的数学教材，它们在知识内容的编排上具有联系性和发展性，一些知识的建构往往不是一蹴而就的，而是经过阶段性的孕伏和铺垫，在学生建立了一些认知表象和积累了一定的知识原型后得以完成。因此，在教学设计中，教师就应有全局视野与结构思维。

教师需要思考：化归思想，在教材中有哪些体现？对于化归，学生已经有了怎样的经验？有了怎样的基础？需要怎样的方式引导提升？

2. 模块化的设计

由于以化归思想为教学的重要线索，因此在教学设计中，可以充分尊重学生已有的认知经验、活动经验，组织模块化的教学，引发学生进行主动迁移。

学生可以思考：对于新知，我已经有了什么样的基础？我可以怎样进行探索？我有没有其他的途径？

3. 多样化的思考

作为一种思想方法，有没有其典型特征？在教学中，有没有需要遵循的基本原则？如化归的思想的核心是什么？化归的思想方法，在渗透时需要遵循哪些原则？对于这样的思考，可以给予自己的回答。化归思想的特点就是以已知的、简单的、具体的、特殊的、基本的知识为基础，将未知的化为已知的、复杂的化为简单的、抽象的化为具体的、一般的化为特殊的、非基本的化为基本的，从而使问题得到解决，需要遵循以下原则：

（1）熟悉化原则：将陌生的问题转化为熟悉的问题，以利于我们运用熟悉的知识、经验来解决问题；（2）简单化原则：将复杂的问题转化为简单的问题，通过对简单问题的解决，达到解决复杂问题的目的，或获得某种解题的启示和依据；（3）和谐化原则：化归问题的条件或结论，使其表现形式更符合数与形内部所表示的和谐形式，或者转化命题，使其推演有利于运用某种数学方法或其方法符合人们的思维规律；（4）直观化原则：将比较抽象的问题转化为比较直观的问题来解决；（5）正难则反原则：当问题正面讨论遇到困难时，可考虑问题的反面，设法从问题的反面去探求，使问题获解。

4. 数学化的设计

下面以三角形的面积计算为例，谈化归思想在教学中的渗透与运用。

（1）链接经验，引发迁移

三角形面积计算，苏教版教材中安排在平行四边形面积计算之后。从知识发生、发展的序列来看，三角形的面积计算是在平行四边形面积计算的基础上推导而来。因此，从这一意义上说，学生不仅具有了推导的知识基础，也具有了研究的经验基础。因此，教师在设计中，可以安排结合平行四边形与三角形面积计算的真实生活情境，由学生自主选择能解决的实际问题。

（2）面对新知，主动挑战

面对学生提出的三角形面积计算的新问题，教师引导学生小组讨论，有哪些可能的问题解决途径？

方法一：用面积单位进行测量，画格子、数格子。讨论后，得出共识，方法可行，但一是费时费力，二是可能得不到准确结果。

方法二：通过大量实例，探索得出一般的计算公式。

经过讨论，学生进入研究一般公式的学习中。

（3）自选任务，合作研究

小组讨论，可以如何开展研究？得出共识，为保证研究结果的普适性，需要对不同类型的三角形进行研究。从锐角三角形、直角三角形、钝角三角形三个类别分别进行探索。分组讨论，研究哪一类三角形。

（4）拓宽思路，进行化归

同桌合作，学生自己创造三角形的研究素材。为方便研究，一个同学画出并剪下两个相同的三角形。这两个三角形，学生可以放在一起进行研究推导，也可以两人分别以一个三角形为研究对象进行讨论。

这样设计是因为教材中呈现的素材是用两个完全相同的三角形拼成一个平行四边形，进而推导出三角形的面积计算公式。另外，受平行四边形的面积推导知识迁移启发，学生容易想出用一个图形剪拼的方法去探究三角形的面积。

（5）交流讨论，异中求同

对于三角形面积的计算，教师提供多样化的素材，就可以为学生提供多元化的研究可能，学生可以选择"两个完全一样的三角形"，也可以选择"一个三角形"，在小组中合作探究，分享智慧提升认知。

在选择两个完全一样的三角形转化为平行四边形的过程中，教师要关注呈现的素材的多样性，无论是怎样形状的两个完全一样的锐角三角形、直角三角形、钝角三角形，都可以转化为与三角形等底等高的平行四边形（如图3-9）。

在利用单个三角形推导面积公式的过程中，也需要教师引导学生寻找多种转化方法中的共同点：都是把三角形转化为等面积的平行四边形，高与底中，有一个是原来的二分之一。

图 3-9　三角形转化为等面积的平行四边形

同时，教师还可以引导学生从三角形的不同类别进行思考，锐角三角形、直角三角形、钝角三角形是不是都可以推导得到这一计算公式，从而保证推导结论的普遍性与准确性。

（6）回顾反思，感悟思想

回顾三角形面积计算的推导过程，无论是用一个三角形，还是用两个完全一样的三角形，在研究中有没有相似之处？引导关注，都是把新问题转化为已经解决的问题。在我们以前的研究中，有没有类似的经验？引发回忆，平行四边形的面积是转化为已经研究过的长方形的面积计算等。

（7）链接历史，感受价值

其实早在2000多年前，《九章算术》中就已经研究得出了三角形面积的计算方法是"半广以乘正从（zòng）"，著名数学家刘徽在注文中用"以盈补虚"的方法加以证明，并配以生动形象的图，如图3-10。我们与前人虽然相隔千年，但数学的思想一脉相承，数学的研究一路相通。

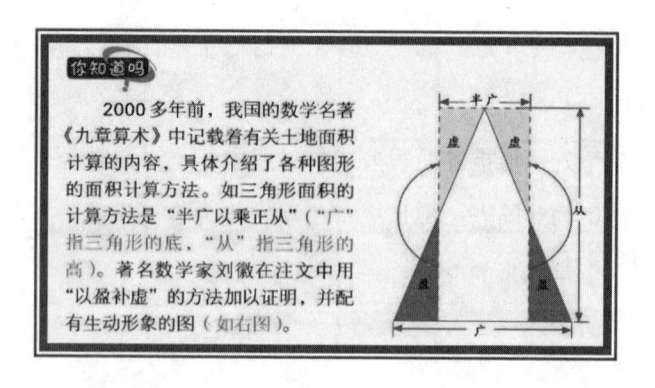

图 3-10　《九章算术》中三角形面积计算方法

(8) 大胆猜想，推广运用

这样的转化思想方法，除了能解决三角形面积计算这样的新问题，你觉得还可能对于解决怎样的问题有帮助？引导学生基于经验大胆猜想，基于实践合理猜想，从而引出梯形面积计算这样的新问题，让学生带着问题、带着思考走出课堂，走进更大的研究空间。

从"双基"走向"四基"，从"四基四能"到"三会"，多的不仅是目标表述，而且更需要找到一种合理、合适的途径，找到一套有效、有用的策略，而"春风化雨，归去来兮"或许就是基本数学思想渗透的一种目标境界。

第五节　从能力提升到素养生长

随着课程改革的深入，一线教师对于课程改革的认识也在不断深化。从最初的改变教与学的形式，到改变教与学的结构，最终到改变教与学的意义。从方式的变形到结构的变化，最终指向意义的变革。"为什么而教学？""教学什么？""怎样教学？"成为了常问常新的三大问题。基于核心素养的数学教学改革与实践，需要突破传统的藩篱，重构数学教学的价值，从新的视野审视当下的课程与教学。

一、看清来路：从三维目标到核心素养

1. 化散为聚：聚焦学科核心素养

从各个学科普适的"知识与技能、过程与方法、情感态度价值观"的三维目标，到相关学科核心素养的表达，更为强调作为教育对象的学生的

成长性与持续发展性，更为强调每一门学科在学生成长过程中的重要性与不可替代性。学科核心素养，对于学科课程目标的确定、课程内容的选定、课程难度的设定、课程数量的制定都有着重要的统领作用，对于学生的学习方式、学习内容、学习方法、学习过程、学习结构都有着重要的指导作用。

理清数学学科核心素养，能够帮助教师更为清晰地认识数学学科对于学生成长的独特价值与独有意义。数学核心素养，是在学生学习数学的过程中形成与发展的，兼具稳定性、综合性与发展性。从其价值与作用而言，数学核心素养可谓是数学教学的航标与灵魂。从三维目标到核心素养的改变，更为强调知识、能力与态度的统整，超越了分类的表达，聚焦了学习的本源，反映了数学的本质。

2. 化零为整：整体认识学科价值

学科核心素养是学科育人价值的集中体现，是在该学科的具体化后所产生的学生具有该学科特点的关键特征与实践体现。各个学科的核心素养共同构成了学生的共同核心素养。共同核心素养标准在各个学科的体现、具体化就形成了各个学科的核心素养。如果没有各个学科的核心素养，学生共同核心素养将成为"无本之木、无源之水"。而如果没有学生核心素养，单个学科的核心素养也将"独木不成林"。

目前，对于核心素养的共同认识是核心素养是可以通过后天培养而形成的。而后天的培养，其主要途径是通过各个不同类别的课程、通过各个具体的学科来实现。事实上，每门学科对于学生整体核心素养的培养都有其不可或缺的作用，不同学科对于核心素养的培养都有其独特的贡献与意义。

3. 化一为多：多样聚焦儿童成长

当教育开始"目中有人"时，高品质的教育才会真正发生。教育是培育人的活动，其目标就是让人"成其为人"。不是让不同的人成为相同的人，而是让每一个有差异的人成为更好、更优的个体。因此，从这个意义上来说，教育的过程就是不断读懂人、不断发现人、不断开发人、不断成就人的过程。因此，每个学科的教师都应成为儿童的自然观察者与深度研究者。只有认识到每个儿童的不同，才能寻找到每个儿童成长的密码，才能真正做到"有教无类、按需施教"。

在这样的过程中，根据每个学生不同的学习基础、学习心理、学习方式，教师与学生经过商议，应该尽可能实现"五个不同"：教学目标可以不同，有普适性的基础目标也有个性化的发展目标；组织方式可以不同，有小组式的合作学习也有个别化的独立学习；学习地点可以不同，有普通教室也可以有个别化学习室、差异性指导室；学习进程可以不同，有延后学习也可以有前置学习；学习评价可以不同，有提前考核也可以有延后考核。

二、改变思路：从教材内容到学习载体

1. 前延后续：让数学知识自由生长

"教育是农业，而非工业。"因此，好的数学教育应该让儿童听到数学知识自由生长的声音。数学知识的生长也需要有足够的空气、适量的光照、合适的温度、适宜的水分，而这空气、阳光、温度与水分，需要教师作为园艺师进行整合调控。

例如，在"认识公顷"的过程中，教师就可以借助知识自然生长的力量，做到前延后续无缝对接。作为比较大的测量土地面积的单位，公顷及平方千米对于学生而言，生活经验的支持实在有限。借助数学知识本身的力量建构公顷的概念，较之借助活动经验建立更具有整体感与系统感。如表3-1，教师可以引导学生通过回忆已经学习过的面积单位，在头脑中建

构"1平方厘米""1平方分米""1平方米"的面积大小，分别是边长为"1厘米""1分米""1米"的正方形的面积。这样的面积单位分别适合测量哪些物体的面积？如果要测量操场的面积、公园的面积、江苏省的面积呢？自然而然学生就会想办法创造出更大的面积单位。而在十进制的原有学习经验的迁移下，学生就会尝试选用边长为"10米""100米""1000米"的正方形的面积作为较大的面积单位。在这样的创造过程中，"公亩""公顷""平方千米"的概念就自然生长出来了，不同面积单位之间的关系也自然建构起来了。而公亩概念的加入，也很好地解决了相邻面积单位之间进率的问题，在公顷与平方米的之间建构了必要的桥梁。

表 3-1 面积单位关系表

正方形的边长	正方形的面积		相邻单位间进率
1厘米	1平方厘米		
1分米	1平方分米		
1米	1平方米		100
10米	100平方米	1公亩	
100米	10000平方米	1公顷	
1000米（1千米）	1000000平方米	1平方千米	

2. 前接后承：让认知结构自然生长

现代学习理论表明，学习过程是认知结构形成、变化与完善的整体过程。数学认知结构，作为数学知识结构在学生头脑中的整体结构，是一个从无到有、从少到多、从简单到复杂的"类建筑式"结构。

数学认知结构的生长方式有两种。一是同化。这意味着新的学习内容在原有的认知结构中能找到可用的资源，并且可以纳入原有的认知结构中。比如，在异分母分数加减法的学习中，对于异分母分数加减法这一新的内容，在原有的认知结构中可以寻找到"相同计数单位的数可以直接相加减，而不同计数单位的数需要化为相同单位的数才能相加减"这样的知识源与经验源。因此，教师在执教该部分内容时，大可以放手让学生自主展开认知结构的同化过程。不同的学生可以通过不同的途径进行转化，有的转化为小数，有的转化为同分母分数，有的加上单位转化为整数等。在此基础上，教师需要引导学生观察不同之中的相同，也就是寻找到数学的本质。尽管形式看似各不相同，但其实质都是相同的，都是将不同的计数单位转化为相同的计数单位，都能借助原有认知结构中的资源进行转换、解释与应用。

二为顺应。当新的学习内容不能被原有的认知结构同化时，学生往往需要重新审视自我的认知结构，进行适度调整，甚至部分"纠错"，从而适应新的学习内容的需要。比如：在学习平行四边形面积计算的过程中，学生原有的认知结构中关于四边形面积计算的公式就是"长方形的面积＝长×宽"。而长方形是特殊的平行四边形，因此，对于平行四边形的面积计算，其直觉认为应该是邻边相乘所得的乘积。在这样的情况下，不能简单地"堵"，而应有效地"疏"，做到顺势而行、自然而为。教师可以让学生小组合作分别用两组小棒（分别为 2 根 10 厘米，2 根 6 厘米），尝试围成学习过的不同平面图形，并猜想这些平面图形的面积可能与什么有关。在小组讨论中，很多同学都认为与 2 种小棒的长度，即长方形的长和宽有关，与平行四边形的邻边有关，都可以用"10×6"来计算。但通过观察仔细，就会自我反思、自我纠偏。围出的 4 个图形面积（如图 3 - 11）很明显不相同，不可能都用"10×6"来计算。进而发现，4 个图形的底的数值相同，高的数值越来越小，面积也越来越小，提出大胆猜想"是否与底和高有关"，并受"长方形的面积＝长（底）×宽（高）"的影响，而长方形又是特殊的平行四边形，因此平行四边形的面积可能等于"底×高"。

小组分工，进行操作，将平行四边形转化为长方形，最终验证猜想得出结论。这样，新的一轮认知结构的调整就完成了，这样的过程就是顺应。

图 3-11　学生用小棒围成的部分作品图

3. 前呼后应：让基本经验自然生长

数学学习需要从"经历"走向"经验"。基本经验不仅包括直接经验，还包括间接经验。教师应当引领学生通过丰富的直接经验与间接经验，实现基本经验的自然生长。

如：三角形的面积计算的学习过程中，就需要不断激活学生已有的基本活动经验，同时丰富与更新活动经验。通过前引后连、前呼后应进行强化与优化。三角形的面积计算，各个版本都安排在平行四边形面积计算之后。这是因为三角形的面积计算需要建立在平行四边形面积计算的公式基础之上，同样也是建立在平行四边形面积公式推导的基本经验之上。在已有的转化经验与面积公式基础上，如何设计才能更大程度地让基本经验自然生长呢？教师可以通过回顾平行四边形面积的计算公式及其推导过程，引导学生回忆起转化的直接经验，同时回忆出面积的相关公式。在此基础上，为学生提供丰富的选择，可以借助平行四边形进行操作（沿着对角线分割为两个完全的三角形，如图 3-12 中的①②），也可以借助两个完全相同的三角形进行研究（将两个完全相同的三角形拼成一个平行四边形，如图 3-12 中的②），还可以借助一个三角形进行操作（如图 3-12 中的③④）。

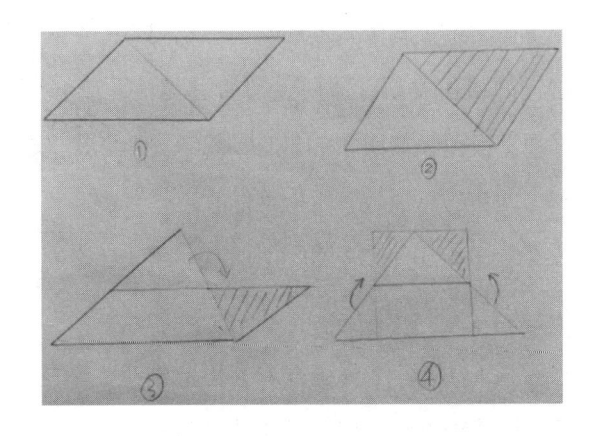

图 3-12　三角形面积推导过程图

在小组合作的过程中，我们会看到不同的学生、不同的小组有不同的思路与不同的方式。每一种表达，都是学生已有基本经验的衍生，都是新的基本经验的增长。而这样的衍生与增长，需要问题也需要议题，需要独创也需要共享。独创的过程，就是直接经验累积的过程；分享的过程，也正是间接经验生长的过程。

三、寻找出路：从学科实施到课程创生

1. 融汇思想：学会数学的思维

美国教育家波利亚曾经这样表达："教师讲什么并不重要，学生想什么比这重要一千倍。"这句话充分地说明了学生思维的重要性。数学思维是指在数学活动中的思维，是人脑和数学对象（数量关系、空间形式与结构关系等）交互作用，运用特殊的数学符号语言，以抽象和概括为其主要特点，对客观事物按照一定的数学形式或思维规律进行认识的一种内在理性活动。而在数学思维的培养过程中，需要引导学生数学化观察、合理性抽象、科学性建模。

比如：梯形的面积计算公式，通过学生大胆猜想、实验验证、得出结

论、运用结论后,在学生头脑中就形成了一个稳固的结构模型。这样的结构模型,需要建模的过程,也需要拓模的过程。当面临如图 3-13 的实际问题时,要想办法算出木头的总根数,学生可能有不同的思路:(1) 4+6+8+10+12=40(根),(2) (4+12)+(6+10)+8=40(根),(3) (4+12)×5÷2=40(根)。从思维程度来看,不同学生、不同解法的数学思维层次是不同的:第一种方法,仅仅从木头的数量上依次提取信息,直接用连加进行计算。第二种方法,能够在提取信息的基础上进行略微加工,减少了计算的繁复程度。而第三种方法,从图中不仅提取了数值信息,而且根据木料堆砌的侧面进行数学化加工,抽象为梯形,进而直接运用梯形的面积公式进行计算,数学化的思维程度已经相当高了。如果进一步观察、对比与概括,不难发现,"4+6+8+10+12"这一类的有规律排列的数的求和(等差数列求和),都可以用梯形公式来计算"(上底即首项+下底即末项)×高即项数÷2"。而这样的建模思想,不仅可以用之于形的面积计算,还可以解决数的求和问题。

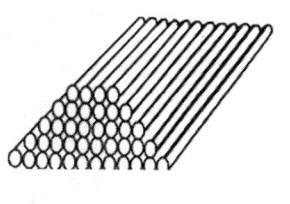

图 3-13 木头总根数是多少?

2. 融贯课程:学会数学的建构

英国学者 P. 欧内斯特说:"数学教学的问题并不在于寻找教学的最好方式是什么,而在于数学是什么。"小学数学教材作为"数学是什么"的重要载体,承载着培育学生数学核心素养的重要任务。而从"教教材"走向"用教材教"的过程中,需要教师融贯课程,将数学的逻辑之真、严谨之善、结构之美呈现在学生面前。

如:苏教版小学数学三年级教材中安排了长方形和正方形的认识,四年级安排了平行四边形和梯形的认识,而对于四边形集合而言,其实还不是很完整。如何引领学生科学而完整地建构起四边形大家族各种成员之间的关系呢？教师可以引导学生在两组平行线之间增加两条线段组成四边形（如图3-14），从而借助已有的经验，通过自我的创作，形成丰富的四边形资源库。通过观察、比较、分类，发现所创作的四边形一共可以分为两类。一类是两组对边分别平行的四边形，另一类是只有一组对边平行的四边形，从而自主建构平行四边形和梯形概念。继续深入研究平行四边形，会发现正方形是特殊的长方形，长方形是特殊（四个角都是直角）的平行四边形；正方形也是特殊的菱形，菱形是特殊（四边都相等）的平行四边形，从而完整建构起四边形的认知结构。教材的两课时单独的内容被合理地统整、加工、补充，从而形成了一节数学整合课"认识四边形"。在这样的过程中，课程内容更趋完整，知识结构更趋完善，数学认识更趋完整。

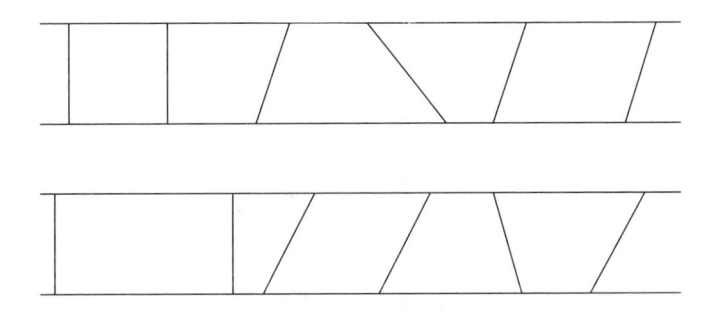

图3-14　在两组平行线间增加两条线段组成的四边形例图

3. 融合资源：学会数学的创造

日本学者米山国藏说："在学校学的数学知识，毕业后若没有什么机会去用，一两年后，很快就忘掉了。然而，不管他们从事什么工作，唯有深深铭刻在心中的数学的精神、数学的思维方法、研究方法、推理方法和看问题的着眼点等，这些都是随时随地发生作用，使他们终身受益。"有人说："上帝是按照数学规则创造这个世界的。"而教师能否引导学生学会数学地创造呢？

在研究立体图形的体积时，教师可以借助身边的资源来引领问题的展开过程。研究圆柱体、圆锥体，不仅仅可以借助圆柱与圆锥形的实物，还可以借助平面图形帮助学生开展操作或者想象。如把数学书看作一个长方形，以一条长边为轴旋转360°，得到的是什么图形？怎样求这个立体图形的体积？如果把直角三角板看作一个三角形，以一条边为轴旋转360°可以得到什么图形？怎样旋转得到的立体图形体积大？在比较与鉴别中，通过动态的演绎，沟通平面图形与立体图形的关系，同时进一步巩固圆柱与圆锥的体积计算公式。两个等底圆锥所组合图形体积计算，考验学生的创造性思维，通过小组讨论，运用已有的乘法分配律经验创造性地加以解决。随着研究的深入，正方形、长方形、三角形这些平面图形所旋转出立体图形体积都解决了，更多的学生开始尝试梯形旋转后形成的立体图形体积如何计算。于是圆台的体积公式也在发现问题、提出问题、分析问题、解决问题的过程中创生了。也许经过多年以后，对于学生而言，在生活中无须多次运用的圆柱、圆锥、圆台的体积公式都已经淡忘，但探索未知的一份欲望、研究问题的一般方法、创新开拓的一种思路、问题解决的一份喜悦仍然留存心间，而这才是数学的本源、数学的核心、数学的灵魂。

走在数学课改的路上，从看清来路，到改变思路，最终寻找出路，突破与重构，是方式，是路径，也是信念。而在这样的路上，我们需要更多志同道合的开拓者，改变自我、改变当下、改变未来。

第六节　从回望来路到看清前路

出生在 1978 年的我，是沐浴着改革开放的阳光一路成长的。在 1998 年改革开放 20 周年之际，我如愿以偿地成了一名光荣的小学教师。

从我自身的求学经历与教学经历、管理经历来看，改革开放 40 余年，教育领域也在不断改革、升级与优化。在我看来，教育改革最终的落脚点，应该是课堂。课堂的变革与创新是最核心、最根本、最有效的改革。

回首自身的成长历程，我在课堂中建构知识、在课堂中提升能力、在课堂中涵养人格、在课堂中生成思想。从学习者到教学者，从教学者再到管理者，身份不断发生变化，但我对课堂的感知、对课堂的情结却始终在延续、一直在生长。可以说，我是在对于课堂的理解中不断成长，同时也在成长中不断重新理解课堂的。

一、重新理解课堂，是一种理念的升级

1. 重新理解课堂，意味着"教"与"学"关系的重新厘定

"教室和车厢一样拥挤，授课顺序和路线一样固定，教师和司机一样傲慢，学生和乘客一样无奈。"曾经有人以这则公交隐喻来形象地描述传统课堂。重新理解课堂，意味着以教师的"教"为核心转变为以学生的"学"为核心。走出教师中心的禁锢，走出知识为本的牢笼。教师的重要职责不是思考如何教，而是思考如何促进学生的学。从"重教"向"重学"、"传授"向"体验"、"课本"向"生活"、"他律"向"自律"、学生"适应教"向教师"适应学"发生变化。

2. 重新理解课堂，意味着"教师"与"学生"角色的重新解读

在重新理解课堂的过程中，学生成其为真正的学生，教师成其为同行的伙伴。把教师的讲堂变为学生的学堂，把沉闷的教室变为生命的原野。小课堂变身为大学堂，小教室就能成就大成长。在这个学习共同体中，学生和教师都是课程的资源，是课程的重要组成部分。每一个人都要参与到课程的决策、设计与实施中来，每个人都是课程的创造者、建设者与获益者。

3. 重新理解课堂，意味着"核心素养"与"教学目标"关系的重新思考

1997年12月，经合组织（OECD）启动了"素养的界定与遴选：理论和概念基础"项目。2006年12月，欧洲议会和欧盟理事会通过了关于核心素养的建议案。经合组织、欧盟等国际组织关于核心素养的研究，引发了诸多国家的关注，在国际上产生了广泛的影响。在这样的全球性教育变革呼声中，我国对于教育的聚焦也从基础知识、基本技能的"双基"到知识与技能、过程与方法、情感态度与价值观的"三维目标"，再到核心素养，不断呈现出从"教"到"育"的深化，努力实现"立德树人"。

二、重新理解课堂，是一种实践的生长

1. 重新理解课堂，需要我们重新理解知识

（1）什么知识最有价值

1859年，英国哲学家、社会学家斯宾塞提出了一个著名命题："什么知识最有价值？"对于这一经典问题的回答，折射的是每一个人对于教育的不同理解、对于学科的不同定位、对于学习的不同回应。

作为学生时代的我而言，每一节课所组成的学习生涯中，最有价值的知识不是孤立的，而是可以生长的，是每一个未知变为已知，并且从已知再次生发出未知。最有价值的知识是能够加以运用的，体现其现实价值

的；最有价值的知识是能够启迪智慧的，体现其发展价值的。

作为教师身份的我来说，什么知识最有价值，可能需要综合考虑教材知识、教材衍生的知识以及教材外的知识。思考什么知识最有价值的过程，其实已经具有了潜在的价值。思考的过程，其实就是对于教材全面理解、辩证看待，并且逐步调整，把"理想教材"加工为"现实教材"，把"文本教材"转化为"实践教材"的过程。

（2）如何理解教材知识

理解教材知识，需要教师站在三维角度全方位进行分析。也就是说，教师要有全景视野。既要能读懂编者的意图，又要能形成自己的思路，还要能理解学习者的心路。视角不同，所见就会有所不同。

首先是站在学科的角度看，从编者角度思考，教材编写了什么，编写的顺序是什么，为什么要这样编写。

其次是站在教师的角度看，从教者的角度看，知识的逻辑体系是什么，其基础是什么，其发展又如何，怎样的方式适合教学的展开。

最重要的是站在学生的角度看，用学习者的视角看，学习的起点在哪里，学习的关键点是什么，学习的难点又是什么，哪些是可以独立学习的，哪些是需要同伴互助的，哪些是需要大组交流的，哪里是需要教师介入的。

在融合三维视角的基础上，最终形成基于儿童发展立场，兼具学科本质特征、符合个性风格的教学设计。

（3）如何整合加工知识

一是跳出版本看教材。从教材就是学生全部的世界，走向世界才是学生全部的教材。做好多种版本教材的加减乘除，用好教材这个例子，把各种适切的资源、各种适合的素材、各种适用的内容引入学科教学中。聚焦学科核心知识与关键能力，整体重建与局部重构，从而在丰富与简单中找寻到内容的本真表达。

二是跳出课堂看课程。教学的序列如何设置，不是仅仅根据教材进行，而是根据学生的基础与经验；教学的素材如何选择，不是仅仅根据教材进行，而是根据儿童的生活与需求；教学的活动如何进行，不是仅仅根据经验展开，而是根据学生的特征与个性。

三是跳出学校看教育。《教育的目的》一书的作者怀特海在书中有这样一句阐述："教育的全部目的——就是使人具有活跃的智慧。"用智慧孕育智慧，需要教师站在更高的视点进行整合以使其适合。对于学校而言，国家课程、地方课程、校本课程最终要融合成为"我们的课程"。对于教师和学生而言，国家教材、指定教材、不同版本教材、生活教材，最终要融合为"我们的教材"。

2. 重新理解课堂，需要我们重新理解学习

（1）重新认识大脑

人的大脑是可塑的。不管是在儿童早期，还是在成人时期，大脑都具有生长、变化和适应新环境的潜能。大脑是一个多元的、相互关联的网络中心。有效的学习，将增加大脑中神经元之间的连接。简单而言，学习能让我们的大脑发生物理变化。当作为教师的我们能认识到大脑的可塑性时，当作为学生的孩子能理解大脑的成长性时，学习就被赋予了更多的价值。我们每一天的学习、每一节的课堂、每一次的对话，都具有了影响当下、更影响未来的深远意义。

（2）重组学习结构

意义是学习的支架。J. W. 威尔逊曾经这样评价："没有学习的意义，我们只会用到大脑中比较低层的部分。"学习的意义是多元的，不仅有对于后续知识学习的意义，还有对于人生成长的意义。引领学生认识学习的意义，是每位教师的必修课。

情绪是学习的大门。情绪状态为学习者提供必需的学习动力。当教师怀揣着对生命的敬畏之心，对相遇的感恩之心，用满怀的热诚面对教室中的每一个学生，用满怀的喜悦等待课堂中的每一次分享，用满心的欢喜预约学习中的每一次成长，我们就在为学习谱写积极温暖的情绪乐章。当学习者处于积极的情绪状态，就更容易获得高的思维水平、创造力与成就感。

关系是学习的地基。一座大厦需要一个安全、坚实的地基。同样，学习中也需要稳固、紧密的多重关系。这里的关系，可以理解为所学习知识与原有知识及后续知识之间的关系。关系越紧密，越容易纳入学习者的认知结构。这里的关系，还可以理解为学习者与所处学习场的关系。尤为重要的是在课堂学习中，人与人的关系，包括师生关系及生生关系，交往关系越安全、越和谐，对于学习的促进效应就越大。

（3）重构学习流程

基于意义、情绪与关系对于学习的影响，我们需要重构学习流程。从"人与自我""人与他人""人与社群"三大维度进行整体思考，聚焦"个体学习""同伴学习"与"社群学习"这三种学习方式，并形成基于"三学"的课堂学习流程。

在"个体学习"中，引导每一位学生关注自身的学习基础、学习风格、学习优势与学习潜能，尝试自我独立学习，在"个学"中，与自我对话，进行自主反思。

在"同伴学习"中，引导每一位学生借助同伴的力量，发挥"互学"的真正作用，与同伴对话，相互引领、彼此启发、互帮互助、共同进步。

在"群体学习中，让"合学"真正发生，小组中有分工、有合作、有共识、有质疑、有辩论、有倾听、有补充，每一个人都成为学习的分享者与主动的建构者。

学生自己能学会的，进行"个学"。同学互助能学会的，进行"互学"。小组交流能学会的，进行"合学"。以核心问题为驱动，以"个学""互学""合学"为方式，通过目标导航与反思助航，实现每一位学生核心素养的提升，具体学习流程如图 3-15。

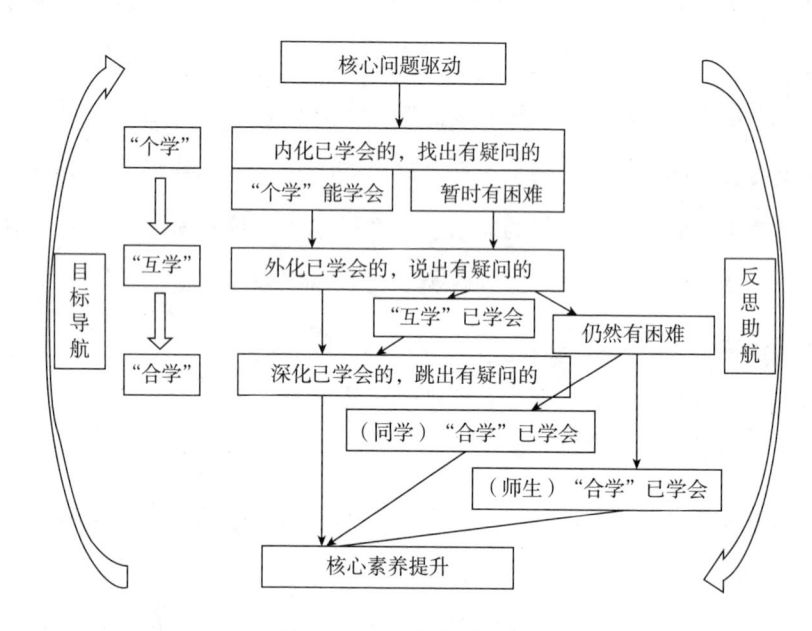

图 3-15　课堂学习流程图

3. 重新理解课堂，需要我们重新理解素养

（1）世界需要怎样的人才

从世界范围来看，科学技术和人力资源已经成为社会经济发展和全球竞争的重要资源。国力的竞争最终指向的其实是人才的竞争。在这样的背景下，世界各个国家和地区都试图建立符合本国国情或本地区的核心素养框架或指标体系，并以此指导课程建设与教育实践。核心素养解决的正是"培养怎样的人"这一关键问题。我国学生发展核心素养框架，以培养"全面发展的人"为核心，分为文化基础、自主发展、社会参与三个方面，

并从六大素养、十八个指标进行了细化。

（2）我们需要怎样的教育

核心素养框架从顶层设计到底层实施的过程中，各国都用不同的方式对儿童享有平等接受优质教育的权利进行保障。党的十九大报告中明确指出："努力让每个孩子都能享有公平而有质量的教育。"

质量，不再是当下的一个固定的、不变的定量，而是一个发展的、连续的变量；质量，也不是指向一个方面的孤立的点量，而是一个全方位的系统的群量。在核心素养时代，质量不再局限于一个僵化的分数，而是一个动态变化、不断发展的系统，既有可测的、指向当下的纸笔测试，也有隐性的、指向未来的成长答卷。

《为未知而教，为未来而学》一书的作者戴维·珀金斯这样理解教育，他说："教育的任务，不仅仅是传递'已经打开的盒子'里面的内容，更应当是培养学生对'尚未打开的盒子'和'即将打开的盒子'里面内容的好奇心。"我们需要的教育，不仅连接过去、立足当下，更能指向未来。

（3）学生需要怎样的课堂

课堂中，人是最重要的变量。人变化，课堂也跟着变化。

每个教师都是灵魂的摆渡人。摆渡人，是渡人，也是渡己。教师在与学生共度的每一节课堂中，感受生命的成长、教师的价值、人生的意义。学生在与教师及同伴共处的每一节课堂中，感受人格的力量、知识的力量、研究的力量、合作的力量、创新的力量、思想的力量。

理想的课堂，正在从展示信息、聚焦知识，走向研究知识、生成智慧；从关注已知、重复过去，走向畅想未知、面向未来；从被动学习、低阶思维，走向主动探究、高阶认知。

三、重新理解课堂，是一种意义的升华

40余年间，课堂的外在形式发生了日新月异的变化。教学设备上，从

单一的粉笔与黑板,到三机一幕(录音机、幻灯机、电视机、投影幕布),再到电脑、实物投影,进而进入智慧黑板、智慧教室。座位安排上,从秧田式,到小组式、马蹄式、Wi-Fi 式……课堂组织上,从教师组织教学,到学生组织讨论;从一位教师执教,到多位教师协同;从线下学习,到线上线下混合学习;从现场学习,到远程 O2O 教学……

最为根本的变革,是课堂的内在理念也发生了天翻地覆的变化。课堂理念的变革,是对于人、对于学习、对于课堂、对于教育的全方位重新理解,是学校从单方面聚焦"教学"到全方位提升"教育"的变化;是教师从讲授"学科"到研究"课程"的变化;是学生从机械"操练"到创意"学习"的改变,是课堂从传统"讲堂"到创新"学堂"的改变,是评价从单一"分数"到多维"素养"的变化。

课堂,在改革中升级;课堂,也在开放中精彩。我们在成长中重新理解课堂,我们也在课堂中重新理解成长。改革之路,只有起点,没有终点。改革创新,我们还在路上。

第四章
技术篇：跳出工具看技术

> 教科版小学科学六年级教材有一个章节谈到了工具与技术，分析了工具和技术的关系。工具和技术相互依赖，人们根据技术创造工具、应用工具、改进工具。站在教与学的视野，同样需要跨越工具的实用性藩篱，以技术的视野创生、革新、迭代工具，让工具在各种应用场景中触发、推进、助力教学技术的再升级。

第一节 基于课堂观察的设计改进

提问是一种古老的技术，更是一种古老的艺术。基于问题的设计与教学历来是课堂教学关注的中心。带着对课堂提问的高度关注，基于课堂观察新型工具的运用，我和我的团队开始了一段聚焦课堂提问的研究之旅。

一、链接现场：课堂提问的现状分析

本次观察活动以一次区级数学教研活动为样本案例。三位教师所执教的内容分别为"认识面积""圆的认识"和"认识公顷"。笔者邀请部分参与活动的教师分工进行课堂观察，数据汇总如表4-1、表4-2。

表 4-1　课堂提问的方式比例汇总表

课堂案例 \ 数据汇总	封闭性	开放性	重复性（组织性）
课堂 1	71%	20%	9%
课堂 2	55%	24%	21%
课堂 3	68%	21%	11%

表 4-2　课堂提问的次数汇总分析表

课堂案例 \ 数据汇总	课堂提问总次数	有应答的问题次数	平均每分钟提问的次数
课堂 1	87	79	2.2
课堂 2	72	57	1.8
课堂 3	76	67	1.9

数据分析表明三堂课提问具有如下特点：（1）高密度提问。数量相对过多，问题过细过碎。课堂教学外紧内松，表面热热闹闹，实际仍然低效。（2）低质量提问。封闭性问题所占比例均在55%以上，重复性问题（组织性问题）占到了9%以上，最高的比例超过了20%。（3）记忆性问题比例高。教师更多需要的是学生做出是否判断，进行陈述性回答，关注了"是什么"，却在很大程度上忽视了"为什么"和"怎么样"。在概念教学中，为记忆而教的痕迹明显。

二、理性审视：课堂提问的多维价值

课堂提问作为一个古老而新鲜的教学活动，几乎发生在课堂进行的每一刻，但其价值与意义还远远未被教师深刻认识。"为什么而问"对很多教师来说，仍是未经深入思考的问题。

(一) 从系统论观点透视提问意义

课堂教学是一个系统，系统的功能是由其要素决定的，构成课堂教学系统的要素很多，但最主要的要素是教师和学生。课堂提问作为师生这两个要素交互作用的重要载体，直接影响着教学活动的发生与发展。

(二) 从过程论视点关注提问价值

教学过程是一种特殊的认识过程。在教学过程中，教师有目的、有计划地引导学生主动开展认识活动。而在此过程中，课堂提问起着价值引领的核心作用。

(三) 从交往论视野把握提问方向

从教学的形态起源来看，教学起源于人类的交往活动。从教学的形态存在看，教学是一种特殊的交往形式。教学这种特殊的交往是以对话的形式表现出来的。课堂提问是师生课堂对话的主要形式，它不仅是课堂预设的生成和重新建构，也是课堂效能的关键所在。

(四) 从心理学视角思辨提问效应

课堂从其本质上说也是一个心理场。心理学研究表明：思维永远是由问题或提出问题开始的，在几乎所有的思维过程或问题解决模型中提出问题都是首要环节。国外一些有影响的学习方法，如 PQ4R［预习（Preview）、设问（Question）、阅读（Read）、反思（Reflect）、背诵（Recite）、复习（Review）］学习方法，也把提问作为课堂的关键环节。有效的课堂提问是增强课堂有效性的重要环节。

三、系统重构：课堂提问的意义彰显

(一) 锁定高度，定位系统重构的标杆

对参加数学教研活动的教师进行关于"你为什么进行课堂提问"的调

查后，数据汇总再次让笔者震惊。"为了完成必须的教学任务"占10%，"为了知识与技能的巩固"占了55%，"为了发展学生的思维"占15%，"为了学生能力的提升"占20%。

为"什么"而问，一个看似不成问题的问题却成了最大的问题。课堂提问中所暴露出来的提问无计划性、无系统性、无针对性，找到了必然存在的原因。如果我们把"为什么而问"对接为"为什么而教"，相应的则是"为任务而教""为记忆而教""为理解而教""为发展而教"。看似简单的教师提问行为，背后折射出的是不同的数学教育哲学。

在理性思辨的基础上，我们针对"认识公顷"进行了问题重构。

1. 起点：为数学理解而问

【"认识公顷"教学片段1】

在我们生活中，经常会与面积打交道。请你估计一下下面物体的面积大约有多大？

一张邮票的面积约8（　　　），课桌面的面积约24（　　　）

教室地面的面积约50（　　　），××公园的面积约37（　　　）

红梅公园的面积：

预设一：填写平方米，引发争论，认知冲突，引出课题。

预设二：直接填写公顷或者平方千米。引发争论，认可"平方米"太小了，需要更大的面积单位。

学生的思维过程往往是从问题开始的。提问的目的已经不局限于检查学生掌握知识的程度，更在于通过问题把握学生对知识的理解程度，调整教学方法，帮助学生理解数学。教师在课堂上提出的问题，应直接指向学生对问题的理解程度。

2. 原点：为思维发展而问

【"认识公顷"教学片段2】

到底多大的面积是1公顷呢？我们先来看看10米有多长，你能结合实际说一说吗？××公园的面积有可能是37个这样的手拉手围成的面积这么大吗？看来我们得看看100米有多长，你能也结合实际说一说吗？估计一下大约需要多少个小朋友手拉手站成一排。想象边长是100米的正方形土地面积有多大？揭示：1公顷=10000平方米。

数学的核心是思维。思维往往比结论更为重要。帮助学生暴露自己的思维过程，不仅便于教师了解学生思考问题的方法，便于学生积极调整自我认识，而且能达到相互交流、点燃思考的目的。教师的提问要像一颗颗石子投向平静的湖面，能激起学生思维的涟漪，不断地激活学生的思维力、想象力、创造力。

3. 终点：为儿童成长而问

【"认识公顷"教学片段3】

(1)

> **小区简介**
>
> ……本小区占地面积12公顷，其中公馆、儿童游乐场、老人健身房、网球场、道路等公共设施共占地1.5公顷，绿化面积可达5公顷。……

小区共新建住宅楼75幢。每幢楼的长约80米，宽约10米。房屋开发商的广告是否真实？

(2) 1公顷的土地能释放出多大的能量呢？结合书本上的"你知道吗？"，谈谈感想。

(3) 课后拓展，预习留疑。江苏省的面积约10000000公顷，用公顷计量方便吗？有没有更大的面积单位？

相对于小学数学学习而言，笔者更为认同的是"为理解而教""为发展而教"的观点。传统教育往往强调对文本的记忆与掌握，然而，要达到深层理解，仅仅凭借大量的事实记忆是远远不够的。教学需要寓能力与方法于文化的浸染之中，习得能力和方法比记忆知识更重要。教学不应是纯知识的教学，而应体现丰富的育人价值。教学任务不仅在于"双基"的掌握，更在于使学习者学会如何学习、如何合作、如何与他人共同生活及如何生存。

（二）把握维度，寻求立体建构的抓手

课堂提问作为课堂教学的核心线索，决定着课堂行进的路线。教师在设计提问之前，首先应把握好三维目标的关系。知识与能力目标是"水"，过程与方法目标是"船"，情感态度与价值观目标是"彼岸"。三维目标在维度上有区分，但在层次、顺序上没有高低之别、先后之分。

1. 量的积累与质的发展的统一

衡量一堂课成功与否的标准就是看学生有无发展，在有效的课堂教学中，学生的"双基"应是扎实的，思维应是活跃的，情感体验应是积极的。在目标定位时，成功的数学课堂应是智能目标和情意目标同步并进的，既有基本知识量的积累，又有良好的数学意识、情感态度的形成、思维方式转变的质的发展。

2. 个性张扬与共性发展的统一

目标的确定应使全体学生都能围绕其展开积极的思维活动，形成共性"思维场"。在这共性思维场的构建中，还要重视学生的独立思考、集体研究、相互讨论的相互结合，让思维场之间产生"磁场效应"，有效地促进学生按自身的思维风格、方式、习惯、特点围绕问题展开思考，防止学生长期"跟着想、照着说、模仿练"而造成的思维惰性。

3. 外显形式与内隐活动的统一

操作活动、言语交流活动和感知活动与内在的思维活动和谐统一。通过提问，增加学生动手、动口、动脑的机会，促成全员参与、全程参与、主动参与。引发学生积极地思考，感受丰富的体验；引导学生主动地交流，积极地进行合作与交往。

（三）定位尺度，立足学科教学的本质

系统而周密的课堂提问能引导学生探索达到目标的途径，而具有学科本质的课堂提问往往能将师生引向通往魅力数学课堂的巅峰之途。上例"圆的认识"一课提问能紧扣学习的重点内容展开，但若深入思考，就会发现教师始终以静态的观点来建构"圆"。静态的圆的认知只是一个认知表象，并未真正挖掘其本原特征。对于定点和定长，学生更多停留在记忆层面。如此提问的后果是，当学生遇到生活中的实际问题时，往往会由于对概念本身认知的模糊而无所适从。课后随机访谈6位学生，对于解决"如何在操场上画一个直径为3米的圆"等类似问题产生了相当大的困难。

而相反，在浙江省嘉兴市海盐县天宁小学宋建琴老师的课上，我们感受到了提问的深度，准确学科站位的提问带来的是师生的共同美好课堂体验。

【"圆的认识"教学片段】

"就给你一把直尺，你能不能画一个圆？"

"用尺子和笔，固定一点，旋转本子。"

"用素描中的方法画，画正六边形。"

"画一条线，一边画半圆，另一边画半圆。"

"画一个十字架，定个点，点到边上都是2厘米。"

"这样不圆，可以像我这样画。因为一个线段旋转360度就是圆，线

段画多一点就圆了。"其实这就是圆的本质定义的体现：到定点的距离等于定长的点的集合就是圆。

"线段的长度要一样，要定在一个点上。"学生说的意思就是半径要一样长。"还可以这样画，先定一个点，用尺量出 2 厘米，再点一点，点多一点，都是 2 厘米。把点连起来就是圆。"

"就给你一把直尺，你能不能画一个圆？"运动的观点、集合论的观点等呼之欲出。把握学科的本质，定位提问的尺度，展示课堂的效度。

数学学习的过程是学习者与数学"相遇"的过程。在"人"与"数学"的相遇过程中，体验着知识之间内在的联系，感悟着数学知识的内在魅力，领悟着知识背后所承载的方法、蕴含的思想与潜隐的哲理。

通过关注数学科学本质的提问，将有内在联系的数学知识、基本数学思想、数学表征能力、数学文化由"点"连接成"链"，逐步形成"网"，使学生数学思维能力结构化，最终形成良好的思维品质，推动思维层次的深入，形成合理的价值观。

（四）找准角度，关注儿童学习的心理

小学数学课堂，关注数学的本质，更不能丢弃儿童的立场。作为教学这一系统中重要元素的学生，其主体性不容忽视。教师首先要承认学生是发展中的人，是有待完善的人，是具有独特个性的人。教师应自我纠正角色偏差，如优势心理、定势心理、标准化倾向、独角戏倾向等，与儿童进行平等的"情感对话"。

1. 在"道而弗牵"中引发认知

一个高明的教师首先是一个"抛绣球"的高手。抓住教学重点，不在枝节问题上周旋；抓住知识的难点设问，有的放矢地帮助学生突破难点。针对学生认识模糊、易疏漏的地方，以抓住关键词及制造矛盾为突破口设计问题，帮助学生将片面的、孤立的和形而上的认识转化为全面的、辩证的认知结构。

2. 在"强而弗抑"中对接心理

问题意识的模糊与鲜明,与一个人的生活空间、生活经历,以及兴趣、情感、习惯性思维方式等与认知结构密切相关的构成要素有关。取决于新的信息是否与自己现实被激活的知识系统相冲突,并造成心理困惑,我们要充分了解、熟悉、预估学生的现有学习水平和可能达到的发展水平。教学活动应建立在学生可能达到的水平之上。要让学生站在已有知识和技能的草坪上"跳起来摘桃"。这个"跳起来"的空间就是"最近发展区"。成人视角与儿童视角的转换,可以有效实现"心理对接"。

3. 在"开而弗达"中唤醒创造

以儿童的立场观照教学,以儿童的视角设计提问,课堂才能保守童真、点燃童趣、促成分享、感受创造。研究过儿童心理学就会相信孩子愿意挑战、敢于创造、乐于分享、能够成功。"就给你一把直尺,你能不能画一个圆?"上例中的教师抛出的不仅是一个问题,教师设置的是一个创造的绝佳平台,同时也给予学生充满期待的鼓励。

(五)关注效度,优化课堂提问的结构

1. 项目设计板块推进

项目学习既是一种课程理念,又是一种教学模式。在有关圆的内容教学时,可以将圆的认识、圆的周长、圆的面积等整合为项目学习课题"走进圆的世界"(如图4-1)。在此学习过程中,把学生定位于一个开放的挑战性环境、强调学生的自主学习能力的提升、促进学生的自我反思、培养批判性评价的意识。教师所需要做的首先是构建一个组织框架,提供问题导引,并根据学生的特长与兴趣爱好选择研究视角。

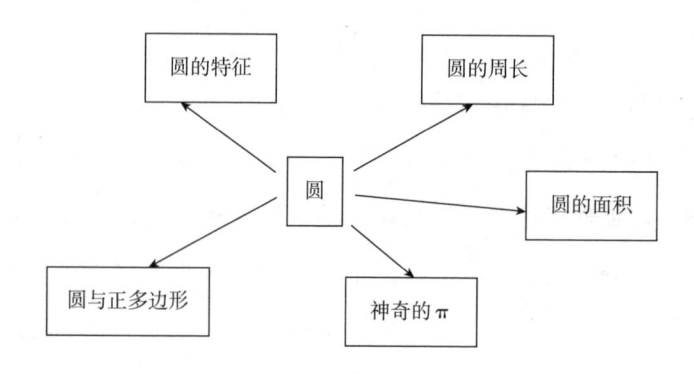

图 4-1　"走进圆的世界"课程内容结构图

在圆的特征主题研究中，教师可以给出如下的问题导引：

①圆形物体与正方形物体、长方形物体相比，具有什么样的特点？

②尝试着画出大小不同的圆（方法尽可能多样）。

③如果只有铅笔，怎么样画出标准的圆？

④借助专门的工具——圆规画圆，要注意什么？你为什么作出这些提醒？

⑤关于圆，中国古代已经作出过怎样的研究？

⑥圆的特征的研究对于你研究其他图形特征有什么启发？

2. 任务驱动聚焦问题

任务驱动教学本质上应是通过任务来诱发、加强和维持学习者的成就动机。任务驱动要注意三个基点：其一，任务有其质的规定性，它源于学习者的学习和生活的真实世界，反映了与学习者相联系的客观世界与任务的创设；其二，任务不是也不应仅仅是教师或学生单方面的工作，而是师生共同的任务；其三，学习者要在与任务和教师的对话中开展学习、自主建构。"圆的周长"一课可通过下列问题引领研究，然后通过师生共同对话、商讨、研究，得出问题钥匙：

①圆的周长与什么有关？

②圆的周长与半径（或直径）有怎样的关系？

③如何发现周长与半径（或直径）的关系？

④我们的研究与前人有何共同之处？

为什么说π的研究表明了一个国家数学研究的水平与高度？

（六）构建梯度，彰显课堂提问的价值

按照提问和解答的性质，可以把问题分为"敛聚性"提问和"发散性"提问。前者要求直接明了准确地回答，学生只是对已学知识的"记忆强化"，后者的回答是开放性的，学生需要整理已学知识，展开想象。在课堂提问的相关观察中，突出的问题是提问的量多质差。教师在教学设计与实施中要有意识地控制"敛聚性"问题的比例，同时也要合理构建"发散性"课堂问题的梯度，根据问题的不同类型，发挥问题的不同价值，提升课堂提问的"含金量"。

1. 引领合作类：用以帮助学生学会如何合作学习

"其他人对于A同学的表述有什么意见？"

"有没有人用不同的方法得到了同样的结论，或者用不同的方法解释结果？"

"你能否使其他学习伙伴确信你的观点？"

2. 引导思考类：用以帮助学生更多地依靠自我进行判定，深入思考

"对此问题你有什么思考？"

"你能否就这一模型作出解释？"

"在这些现象的背后你找到了什么规律？"

3. 促进理解类：用以帮助学生形成数学思考

"这个结论是否在任何情况下均成立？"

"你能否寻找到反例？"

"假设在这里起到了什么作用？"

4. 鼓励猜想类：帮助学生学会猜测以解决问题

"如果……将出现什么情况？如果……又会是怎样呢？"

"一共有多少种可能的情况？"

"针对上面的结论，你产生了怎样的新的想法？"

5. 反省认知类：用以帮助学生自我反思，提升元认知水平

"在解决这一问题中，我使用了怎样的策略？"

"解决这一问题的过程，对于我而言最大的收获是什么？"

"推而广之，类似地，我还可以解决怎样的问题？"

无论是在课堂提问的设计还是课堂提问的实施过程中，教师均需要全面把握、多维思考、立体建构、优化整合，方能实现从教人到育人的跨越，从技术到艺术的飞跃。我们期待，课堂的大提问构建出课堂的大气象，提问的大系统引领出教学的大境界。

第二节　基于数学实验的系统优化

小学中的数学实验，是小学生借助于一定的物质仪器或技术手段，在数学思想和数学理论的指导下，通过对实验素材进行数学化的操作来学（理解）数学、用（解释）数学或做（建构）数学的一类数学学习活动，旨在引导学生进行操作、观察、分析、猜想和推理等数学活动，在经历数学知识的"再创造"与"再发现"的过程中，亲身体验数学、理解数学。

然而纵然教师对于数学实验的重要性有认识且比例相对非常高，但只是表面性、直觉性的认识。对于数学实验本身的了解，很多教师都是不够的。虽然初中及高中教师对于数学实验的研究已经较以前重视，但在小学阶段对于数学实验的研究几乎仍为空白。很多教师知道数学实验重要，但如何操作尚需指导。对于数学学科而言，数学实验器材的短缺还是显而易见的，学校教具配备不足、学具添置不到位的情况还是比较普遍的。针对这些问题，尝试结合自己的探索提出一些应对的思路与举措。

一、要做怎样的实验——数学实验内容的选择

根据数学课程标准，课程内容分"数与代数""空间与图形""统计与概率""实践与综合应用"四个学习领域展开。四大学习领域内容的学习，强调学生的数学活动，发展学生的数感、量感、符号意识、空间观念、统计观念以及应用意识与推理能力。因此，从这个意义上来说，各个领域的学习都需要数学实验的介入。是不是所有的内容都需要进行数学实验？答案显然是否定的。究竟哪些内容适合进行数学实验？数学实验的内容又有什么样的特点？

（一）内容具有可操作性

正如心理学家皮亚杰所说："儿童的智慧源于操作，操作是儿童早期认识世界、适应环境、赖以生存的主要手段。儿童要认识物体，必须对它施加动作，在移动、拆散、合并物体的反复动作过程中，通过头脑与材料的相互作用与协调，建构自己的认知结构的。"

具有操作性的内容在四大领域中广泛存在，如数与代数领域中，利用计数器建立数概念的学具操作实验，整万数、整亿数认知中数级拓展的创造实验，数的大小比较中的对比实验，数量估计中的实践操作实验，各种运算律的探究实验，找规律的发现实验等。在空间与图形领域中，对于图形特征的观察与操作，图形性质的发现与验证，图形分类的标准创造，图形度量时的诸多活动，图形变化中的对比与发现等。在统计与概率中，随机事件的概率研究需要借助多次实验寻找规律，统计活动往往伴随着各类

实验现象的研究而产生。实践与综合运用领域，数学实验更是频频参与其中，以问题为载体，综合运用各种知识和方法解决问题。

（二）实验具有可观察性

数学实验的设计与操作，与学生数学活动经验的积累相伴而行。数学活动经验在操作活动中不断积累，在观察思考中得以持续升华。因此，在设计数学实验时，要引导学生在显性的操作活动、实验现象中逐步将隐性的思维过程得以表达与外化。

如"面积的认识"这一课时，教材编者就设计了一个可观察的数学实验（如图4-2）。在设计实验器材时，教师就可以准备"5×3"及"2×7"的长方形纸片（如图4-3方法1），引导学生通过实验得到结果。借助边长为1cm的小正方形可以进行比较，借助于方格纸也能得出结论（如图4-3方法2），甚至于借助"2×1"的小长方形纸片也可以比较大小（如图4-3方法3）。在多样的实验方法中，实验结果清晰可见。可视化的数学实验，为学生感受用同样大小的面积作为单位就可以比较出两个图形的面积大小，提供了非常有效的支撑。

图4-2 怎样比较两个图形的大小

方法1　　方法2　　方法3

图4-3 比较图形大小的3种方法

(三) 过程具有可重复性

数学实验,其一个典型的特征就是可以重复进行。数学规律的发现,结论的确定,猜想的验证,往往都是在数次实验的基础上得到的。其中特别突出的典型就是概率研究,五位数学家重复实验(如表4-3),其中罗曼诺夫斯基的实验高达到80640次,通过大数次研究感受等可能性。

表4-3 五位数学家抛硬币结果统计表

实验者	抛币次数	正面朝上次数	反面朝上次数
德·摩根	4092	2048	2044
蒲丰	4040	2048	1992
费勒	10000	4979	5021
皮尔逊	24000	12012	11988
罗曼诺夫斯基	80640	39699	40941

在苏教版四年级上册"怎样滚得远"这一内容的教学中,教师需要读懂的是教材安排这次实践活动,就是让学生用实验的方式获得数据,进行比较、分析、探索、发现斜面与地面成怎样的角度时,圆柱形物体可以滚得远一些。在数学实验的设计中,就是以多次实验求平均值从而得出实验结论的。在这样的过程中,每一位学生都经历了准备实验器材、进行实验结果猜测、自主设计实验条件、多次实验、记录数据、形成结论的过程。并且在个人实验、小组实验的过程中,感受到了小组实验的要点,如何分工、怎样合作,为数学实验的后续开展提供了很好的活动经验。

二、怎样就能做实验——实验教学的器材准备

与科学、化学、物理等学科相比,小学数学学科到目前为止还没有广泛地建构起属于自己的学科实验室。然而,我们仍然可以从教材中读懂、从课堂中看到,实验教学的器材具有其广泛的应用性。走出"等、靠、

要"的思维误区，数学实验教学的器材，往往因其易获得性、可利用性与高原创性而充盈着其独特的魅力。

（一）就地取材——易获得性

实验器材的准备是实验的前提条件。部分学校购置了教具、学具以辅助教学，但是仍然有很多学校在开展数学实验时没有相配套的实验器材。就地取材，合理替代，就可以让数学实验大放异彩。

1. 替代性策略：无论是教师为学生准备学具，还是学生自己制作学具，在实验器材的选材和制作过程中，都应当联系学生的实际生活。小棒作为实验器材，就可以用冰糕棍、火柴棒、牙签等实物来代替，既经济实惠，又随处可见。圆柱体、长方体、正方体都可以用茶叶盒、包装盒替代。研究倍的认识，花片、圆片等都可以用身边能寻找到的、同样的实物进行替代。而学生用计数器可以借助纸片和围棋子模拟。如此等等，不一而足。

2. 改良性策略：教材上木条制成的长方形框（如图4-4），在现实教学中可以用吸管和毛线进行加工改良，也可以用磁力积木棒直接搭建。既降低了成本，又保障了安全。

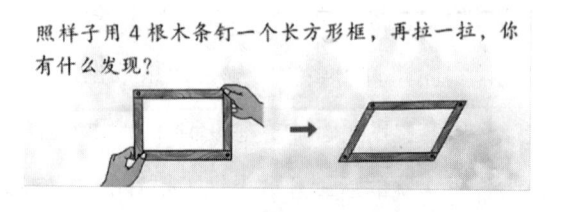

图4-4 长方形框架的拉动实验

3. 多样性策略：在研究面积时，所需的透明方格纸，可以借助学生硬笔书法临摹透明格纸，也可以剪下透明文件袋的方格进行实验。

4. 加工性策略：在研究游戏规则的公平性时，教师可以为学生提供转盘游戏的圆形纸片、图钉,由学生用半成品进行自主加工。

事实上,实验器材无处不在,而其中最为重要的是教师是否自己已经具有,且着力培养学生的数学研究意识。

(二) 通材多用——可利用性

数学实验材料,有些是单个实验所独需的,有些则是多个实验所共有的。因此在开展数学实验时,对于可重复利用的实验器材,需要建立起实验器材资源箱,有条件的学校也可以此为基础拓展形成数学实验器材室。

1. 以小棒为代表的实验群

在低年级的认数教学"数的分与合"中,小棒作为实验器材无处不在。而在多边形的认识中,借助小棒围出指定的多边形,对于研究多边形的边的特点大有裨益。而研究三角形三边的关系时,不同长度的小棒又为实验提供了可观察的数据。用小棒围成三角形,随着个数增多,可以从有限想象无限,从而为用字母表示数量埋下伏笔。不同颜色的小棒还可以进行分类统计实验。跨越数与代数、图形与几何、统计与概率,小棒成为数学实验器材经典之代表。

2. 以小正方形为代表的实验组

在比较数的大小时,借助正方形与其他图形可以通过一一对应比较大小。研究长方形、正方形的面积时,边长为1cm的小正方形是最佳的实验工具。借助小正方形探究正方体的展开图无疑是一种值得一试的思路。方格统计图,借助磁性小正方形是最好不过的展示工具。

3. 以小正方体为代表的实验链

观察物体中,小正方体是最佳研究材料。研究长方体的体积时,棱长1cm的小正方体的适时介入,为数学模型的建构提供了视觉化支撑。表面积的变化,有若干个小正方体就能变换出不同的类型。研究概率时,小正方体制成的筛子成为可以重复实验的绝佳工具。

4. 以小球为代表的实验类

两种颜色的小球——间隔，为研究植树问题提供了不可多得的材料。研究可能性时，摸球游戏少不了不同颜色小球这一重要实验器材。研究小球的弹跳高度时，它又是少不了的主角。

当然除了上述的典型代表之外，如围棋子、七巧板等都可以作为普适性的实验器具，进入各个领域的数学实验教学中。

（三）天生我材——高原创性

在准备实验器材的过程中，有些是可以"拿来主义"直接利用的，有些是需要稍作加工进行使用的，还有的则是需要教师自我创造的。

1. 基于教材个性加工

在图形覆盖中的规律的研究中，教者可以基于教材的数条进行个性加工。教材中引导学生从10个数中分别框出2个数、3个数、4个数、5个数，进行实验，完成表格，观察思考，得出结论。在实际教学中，对于该数学实验教师可以进行适度加工，将总数与每次框的个数均作为变量，从而在变化中引导学生多次实验，进而发现变化中的不变，也即数量之间的相等的关系。

在设计时，教师可以提供总长为20的数条（如图4-6），学生可以选择20，也可以反折数条将总数定为19、18、16、12等等。同时，提供不同个数的漏空数框，学生可以选择2、3、4，也可以选择5，如图4-5。这样的原创设计，把总数不变，变为总数由实验者自我控制；将每次框的个数由教材限定，改为实验者自我设定。为实验的丰富性、数据的多样性提供了可能。

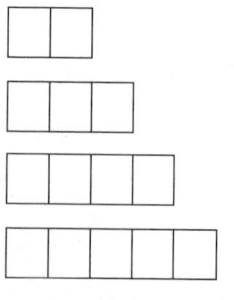

图4-5 不同数位的漏位数框

图 4-6 1—20 的可调整纸条

2. 统整教材融会贯通

教材是教学内容的重要载体。对于教材的深度加工，往往可以根据教材内容本身的类属关系进行统整。在苏教版四年级上册"认数"单元教学中，可以将单元内容根据学科的特点与儿童的认知，进行体系化梳理，形成为认识整万数、认识非整万数、认识整亿数、认识非整亿数、整万数及整亿数的改写、以万或亿作单位求近似数的知识结构框架。在单元统整中，可以根据内容的结构相似化程度，进行简约化设计，认识整万数与认识整亿数可以有机整合，其共同点都是数级的扩充，其思维过程是一致的，其心理机制也是相仿的，因此统整以后的数学实验器材就需要更具创造性。

如图 4-7，从万级以内的数，拓展到整万数，从整万数，拓展到整亿数。提供学生的实验器材是纸质计数板与围棋子共同构成的计数器。通过创设矛盾冲突，学生自我改良实验器材，从而实现了由教师原创到学生原创的飞跃。

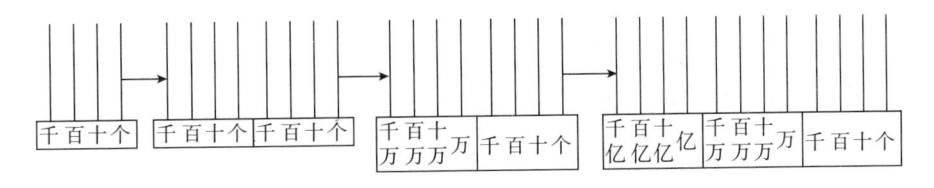

图 4-7 计算器的拓展建构过程图

3. 衍生学材各显神通

在"魅力数学"中，收录了这样一个数学实验——"一张纸究竟能对折多少次"（如图4-8）。通过引导学生猜想，并借助不同材质的纸张进行多次对比实验，从而得到结论。在此过程中，学生需要自主寻找实验器材，改变纸张的厚度，控制实验变量，然后通过对比实验，寻找到最大值，从而得出结论。

> **芝麻开门**
>
> 科学的奥秘就在于对我们司空见惯的事情提出质疑并寻求答案。小朋友们，你知道一张普通A4纸的厚度吗？一张纸很薄很薄，只有0.1毫米哦。设想一下，现在你面前放了一张A4大小（和我们平时用的打印纸一样大小）的纸，如果让你将它连续对折，最多能折几次？是10次、20次还是30次？

图4-8 "一张纸究竟能对折多少次"数学实验

教学内容的独创性带来了实验器材的原创与多样性。学生有的用A4打印纸，有的用报纸，有的用透明纸，有的用餐巾纸……通过不同材质的比较，发现纸张越薄对折次数越多，并得到了"A4纸最多只能对折8次"这一结论。

三、怎样做实验——实验教学的过程指导

（一）有备无患：实验前的指导策略

1. 眼中有物：器材准备

"巧妇难为无米之炊"，一个成功的数学实验一定是建立在完备的数学实验器材的准备之上的。如，在研究圆锥体积公式时，数学实验器材就不能仅仅局限于一组等底等高的圆柱与圆锥，而应是多组不同数据的等底等高的圆柱与圆锥，同时还需刻意增加不等底、不等高的圆柱与圆锥。实验器材的完备性，保障了实验过程的挑战性与学生对实验结论的理解度。

2. 目中有人：人员准备

数学实验中最为能动的要素，是人这一有思想、会行动的要素。因此，除了物的准备，人员准备尤为重要。在演示实验中，需要明确实验目的；在个体实验时，要明确实验步骤；在合作实验时，要明确人员分工。做到人人有事干，事事有人担。

（二）有张有弛：实验中的指导策略

1. 导航图：指导手册全程领航

作为数学教师，在教学中需要有敏锐的视觉去捕捉适合借助数学实验进行教学的内容。通过对各册教材进行分析，分单元梳理，从而形成系统的数学实验内容与指导手册。如：表4-4为第五册长方形正方形单元中长方形特征的实验研究单。

表4-4 长方形特征的实验研究单

单元	实验名称	实验来源	实验器材	实验方式	实验指导
长方形和正方形	长方形的特征	教材内容	各种不同大小的长方形纸若干张	小组合作猜想验证	实验名称：长方形的特征 实验器材：不同大小的长方形纸若干张 思路指导：研究长方形的特征可以从边和角两个方面进行。 实验猜想：1. 边：_____ 　　　　　　2. 角：_____ 实验方法： 实验步骤： _____ _____ _____ 实验结论： _____

实验指导手册为学生实验的开展提供了方向与抓手。上例就从实验器材、思路指导、实验猜想、实验方法、实验步骤、实验结论等6个方面为

学生合作探究开展实验进行了有效导航。

2. 同行者：适时适地友情加盟

无论是对于演示实验、个体实验还是分组实验，教师都要始终以一个研究共同体成员的身份参与其中。演示实验不越位，个体实验不占位，分组实验不缺位。在学生有疑惑时点拨，在学生有发现时鼓励，在学生有争议时倾听，不放纵但也不严控，在规则与自由间引导学生自主、合作、探究。

3. 求助台：个性给予指导帮助

对于不同的学生而言，其动手能力、思维水平也是不尽相同的。因此，设置求助台、锦囊盒可以有效帮助学生学习后发展。在小组合作中，可以用信封小锦囊的形式，在学生自主设计实验有困难时，提供点拨与指导。

（三）有的放矢：实验后的指导策略

1. 重结果也要重过程

数学实验是一个系列化的过程。关注结果，也需关注过程。引导学生在做中学，做中思，做中悟。避免出现研究圆周率 π 时迎合结论给出数据的轻过程、重结果的倾向。

2. 有活动更要有思维

聚焦现象，关注数据，更关注现象下面的本质，数据背后的原理。引导学生在活动中思考，在思考中收获。指尖上出智慧，活动能促思维。

3. 评个体更要评团队

对于数学实验者的评价，不能仅仅关注汇报者、表达者，更要关注每一位对实验过程与结果有贡献的研究者。在合作实验中，以团队进行评价，其能效远远高于对个人的评价。

四、实验做得怎样——实验教学的效果评估

数学实验的效果评估，不能仅仅着眼于实验是否做得成功，学生是否发现结论，实验结论是否正确，而是在更高层面上关注是否促进学生数学化的观察、是否引导学生个性化的思考、是否促使学生积累可迁移的经验。

（一）"做"中要出思想

"植树问题"是一个经典的问题，人教版将其编排在数学广角单元，苏教版则将其安排在找规律单元。就植树问题的诸多课例来说，可以发现这样一些共同点。第一，执教教师往往特别重视梳理并归纳形成三种不同类型，即所谓的"两端都种""两端不种""只种一端"或者是"两端物体相同"与"两端物体不同"。第二，对于三种类型或者两种类别的规律或公式，学生都能快速背诵、熟练记忆，但是在面对各种现实问题时，往往一头雾水，不知该"加1"还是"减1"还是"相等"了。在这样的课堂上，发现规律与记忆公式，运用规律与使用公式之间划上了等号。

如果我们细细观察与品味，从教材编写者的意图中我们就能读出植树问题的教学目标所在。以苏教版为例，从教材分析中我们可以看到这样的意图：（1）看图示，体会规律的存在性。（2）摆学具，体会规律的必然性。（3）找现象，体会规律的合理性。这样的三个步骤，分别对应现实原型—实验操作—结论应用。从"植树问题"这一现实原型出发，到"分割问题"这一数学模式，引领学生发现规律并最终确认规律的正是数学实验这一途径。

（二）"做"中要见模型

直观的观察发现固然重要，但它往往还远非找规律的终点，最终还必

须在直觉的基础上获得思维的进一步提升。表象的建立有助于更快地摆脱具体事物的束缚，向抽象思维过渡，而超越表象，将帮助学生形成稳固的对于数学元素的结构认知。

如：人教版小学数学第一册第 24 页第一次出现了加法模型。对加法模型的再解读，意味着不仅要能读出教材的显性表述，还要能读出编者的隐性表达。"小丑将右手的 3 个气球与左手的 1 个气球放到一起"，这是一个看得见、摸得到的合并过程。从形象的气球合并，到半抽象的 3 个磁珠与 1 个磁珠的合并，再到抽象的数字 3 和数字 1 的合并，加法的意义就在这样的过程中逐步呈现出来。而"做一做"中把两部分的汽车推到一起，把两部分的笔放到一起，把两部分的飞机摆到一起，都是加法这一模型的核心——合并的具象表达。当学生从多样的情境中不断体会到合并、合起来，加法的模型就逐步从模糊变得清晰。从情境中抽象、提取并建立模型，还只是数学建模的第一步。能够借助数学模型进行解释，是数学建模的第二步。看到"3 + 1 = 4"，学生需要做到完整地表达出其实际意义："右手有 3 个气球，左手有 1 个气球，一共有几个气球？把 3 个气球和 1 个气球合起来，用'3 + 1 = 4'计算。"在此基础上，教师还需要引领学生思考："除了表示把 3 个气球和 1 个气球合起来，什么情况也可以用'3 + 1 = 4'来计算呢？"当情境足够丰富、素材足够充足时，最为重要的是帮助学生再次回归模型的数学本质。小朋友有的说了贴花，有的说到小鸟，有的说的是苹果……"事物各不相同，怎么都是用'3 + 1 = 4'来计算呀？"在讨论中，学生就能发现事物在变，但是 3 和 1 不变，把 3 个和 1 个合并起来也不变，所以都要用加法，都是"3 + 1 = 4"。"你还能说出其他的加法算式吗？它们又表示怎样的意义？"再次从"3 + 1"的模型拓展到一般加法模型，学生对加法模型的理解就能实现不断升华。

(三)"做"中要得经验

小学生的数学学习,就知识层面而言,主要是掌握前人已经发现的数学知识,但不同的学习路径却决定了学习者对所学知识的理解深度,同时也决定了学习者在学习过程中会积累怎样的经验,形成怎样的能力。引导学生在数学实验中学习数学,是让学生变被动的"听"为主动的"做"的过程,这符合弗赖登塔尔所倡导的"再创造"教育理论。学生在数学实验的过程中,可以根据自己的实践体验,用自己的思维方式,重新"创造"有关的数学知识。

苏教版四年级下册"用字母表示数"单元,引导学生用字母表示数量及数量关系。这部分内容借助观察与借助实验,其效果是完全不同的。如果仅仅借助于观察,那么学生在教师的引导下,也能得出"$3+2n$"这一含有字母的式子(如图4-9)。但"做"数学,能够让每个学生更为个性地思考,从而获得更加多元、更为开放的结论。学生可以从参与者变为真正的实验者、思考者与发现者。通过借助小棒操作,学生可以运用自己的经验,获得"$1+2(n+1)$""$3+2n$""$2(n+2)-1$"等多样的表达,而每一种表达都与学生的操作经验密切相关。同时,这样的操作经验,也将使学生跨越操作与实验,走向表象、想象与抽象。

摆1个三角形用3根小棒;
增加1个三角形后,共用小棒的根数是:$3+2$;
增加2个三角形后,共用小棒的根数是:$3+2\times2$;
增加3个三角形后,共用小棒的根数是:$3+2\times(\quad)$;
增加a个三角形后,共用小棒的根数是:$3+2\times(\quad)$。

图4-9 用字母表示数教材示例

第三节　基于项目式学习的整体提升

项目式学习，project-based learning，简称 PBL。作为一种风靡全球的教学方式，从"听中学"到"做中学"，从"take"到"make"，吸引了一大批教师进行研究与实践。

项目式学习，能否承载核心素养培育的目标？项目式学习，能否成为基本的教学方式？项目式学习，能否走向常态化？从概念到理解，从理解到实践，从实践到创造，需要我们用行动作答。

一、项目式学习：基于概念的理解

谈到项目式学习，不同的人有不同的理解。在我的理解里，项目式学习，是以学习者为中心，以问题为驱动，以成果为导向，以探究为基础，以合作为方式，以评价为支持，以作品为载体，助力深度学习，培育高阶思维，实现问题解决的全过程。

项目式学习，作为一种广受关注的教学方法，其核心目标亦是促进人的发展。项目式学习中的学生，能够找到兴趣、发现热爱、敢于挑战、自我探索、团队协作、感受成功。从核心知识到关键技能，从基本概念到核心素养，基于真实场景深度学习，基于真实任务协同合作，基于真实体验获得成长。

项目式学习需要教师拥有宏观视野，设计整个课程单元，也需要教师拥有中观视角，推进各个阶段进程，还需要教师拥有微观视点，关注每个学生需求。可以说，项目式学习中的教师，既是课程的设计者、研究的指导者，也是项目的咨询师、团队的教练员。

基于项目的学习，与基于问题的学习、基于主题的学习，有相同之处，但也有自己明显的特征。项目式学习，以挑战性问题为驱动，以项目活动为手段，以团队协作为方式，以深度学习为特征，以创造产品为载体，达到知识的融会贯通与概念的深度理解，获得积极的情感体验与关键的成功技能。

二、项目式学习：基于理解的实施

项目式学习，有四大关键环节，即提出问题（Propose），规划方案（Plan），解决问题（Execute），评价和反思（Judge）。项目式学习也有通用的六大黄金法则。无论是四大关键环节，还是六大黄金法则，其共同的基础点都是以学生为中心，以共创为方式，以作品为载体，注重核心知识的建构，重视高阶思维的培育，关注实践能力的培养，实现学习者的认知跃迁、思维迭代与能力进阶。

项目式学习的实施，从内容上来说，可以是单学科、多学科，也可以是超学科；从时长上来看，可以是课堂中的1个环节，也可以是1课时或者多课时；从师资上来谈，可以是一位教师，也可以是双师协同甚或"1 + N"的教师合作；从场地上来讲，可以是教室内，也可以是校园内甚或是校园外。

从国内项目式学习的热潮来看，多学科、超学科的项目式学习多，单学科的项目式学习少；多课时、长课时的项目式学习多，单课时、单环节的项目式学习少。如何让项目式学习从课后"甜点"走向课堂"正餐"，需要更多的教师从理解走向行动，从认同走向实践。

三、项目式学习：基于实施的创造

作为一线教师，如何在面广量大的学科教学课时中，以项目式学习的理念，以项目式学习的方式，让项目式学习从外围走向核心，从花边走向常态？下面，以人教版小学数学三年级"数学广角——集合"一课谈谈项目式学习的课堂实践如何从"有位"走向"有为"。

（一）目标导航：让核心素养在项目式学习中落地

项目式学习，不是脱离课程标准的教学，也不是超越课程标准的教学。在我看来，项目式学习，需要以课程标准要求的素养目标为主旨，需要以课程标准要求的学科内容为核心，是以项目化的形式、流程、方法实施的创造性教学。

从义务教育阶段数学课程标准的视野来看，从人教版小学阶段教材编排的视角来看，"数学广角——集合"的设置就具有鲜明的特点。人教版小学数学教材的编排体例中，除了在各个分册、各个领域渗透基本数学思想方法之外，还单设"数学广角"单元进行重要的数学思想方法的介绍。三年级上册数学广角单元就安排了"集合"这一重要的数学思想。通过数学广角单元的专项学习，引导学生经历、体验、感受韦恩图的创造过程，并借助包括韦恩图在内的多种表征，理解集合概念及其关系。

对于"集合"思想，在小学一二年级的数学学习经历中，也已经有了多次孕伏。在认数中，学生在标有封闭曲线的区域画出指定数量的圆表示10以内的数；在学习数的大小比较时，学生借助连线将两种事物一一对应比较出数的大小；在认识左右时，把左边的4只动物圈起来；在研究加法时，在表示男生人数的圈和表示女生人数的圈的外面画一个更大的圈，表示把男生和女生这两部分合起来……

在教材的编排中，以班级中跳绳、踢毽子比赛学生名单（有部分重复）为研究案例，激活学生"重复的人数要减去"的数学经验，引导学生自主解决"参加两项比赛的共有多少人"这一核心问题。通过情境的创设、任务的驱动、过程的体验，引导学生尝试自我探索集合的表达方式，并运用集合的思想思考与解决实际问题。

（二）团队共创：让关键能力在项目式学习中成长

1. 驱动问题的设计

在实际教学中，如何把教材的情境转化为真实而富有挑战性的驱动性问题？教师结合学校举行紫荆幸福市集活动的情境，进行了创意设计。在班级分工中，分两个时段安排小小售卖员，有 9 位同学参加了上半场的售卖，有 8 位同学参加了下半场的售卖。售卖活动结束，班主任张老师准备给参加售卖的同学合影留念。可是张老师左等右等，却等不来 17 位同学。为什么会有这样的情况？参加拍照的一共有多少人呢（如图 4-10）？

研究单

参加拍照的一共有多少人？

| 上半场 | 张铭 | 王萌 | 李峰 | 于龙 | 杜诗瑶 | 赵然 | 刘梦洁 | 吴心月 | 孙晓 |
| 下半场 | 严钧 | 胡锦天 | 杨菲 | 李峰 | 梁超 | 于龙 | 杜诗瑶 | 许如云 | |

用你喜欢的方式表达（可以在研究单上写一写、画一画、圈一圈、算一算，也期待你用其他有创造性的方式表达）

图 4-10　研究单

2. 评价量规的商讨

解决图 4-10 这个挑战性的问题有很多方法，哪些解决问题的方法能给更多的人带来启发呢？通过团队商讨，形成作品评价量规，见表 4-5。

表 4-5　作品评价量规

| 准确性 | 能准确地表达出一共有多少人参加拍照 | 基本准确地表达出了一共有多少人参加拍照 | 调整、修改后能表达出一共有多少人参加拍照 |
| 可读性 | 不需语言介绍，其他同学就能看懂解决问题的思路 | 需要一定的语言介绍，其他同学就能看懂解决问题的思路 | 需大量的语言介绍，其他同学才能看懂解决问题的思路 |

续表

简洁性	用简洁的图像、数字、文字等表达	表达不太简洁	表达过于复杂
拓展性	不仅能解决一共多少的实际问题，还能拓展到其他问题	能解决一共多少的实际问题	经过调整，能解决一共多少的实际问题

3. 团队共创的交流

第一层次，在组长的带领下，进行小组作品分享。每位成员对自己的作品进行简要介绍，其他同学对作品进行询问并提出建议，学生自主进行完善与优化。第二层次，在教师的组织下，进行班级作品发布。通过各组对组内作品的介绍与评鉴，通过组间相互的提问与答辩，感受不同的解决问题的方法与路径的相通点，从而形成共识。

在两个层次的交流中，我们发现了不同思维层次、不同表达偏好的各类创造。有的同学借助研究单，将两次重复参加售卖的同学标记出来（如连线、画圈、作记号），然后用"上半场人数＋下半场的人数－重复人数＝参加拍照的人数"。有的同学借助研究单，将上半场参加售卖的同学全部计入总数，将下半场与上半场重复的同学名字作出删除记号（如斜杠、叉号），用"上半场人数＋（下半场的人数－重复人数）＝参加拍照的人数"。

有的同学在研究单空白部分，用"文字＋算式"的方式表达，诠释了"上半场人数＋下半场人数－两场重复的人数＝参加拍照的人数"。有的同学，将姓名缩写或标记为符号，在研究单空白部分，用画圈的形式创造出初步的韦恩图。还有的同学，借助姓名卡片摆一摆，再用画圈的形式进行加工，也创造出了韦恩图的雏形。

更有意思的是一个小组在介绍时，用数学戏剧的形式，邀请同学实际参加表演，在教室的左前方站上半场的同学，在教室的右前方站下半场的同学，重复参加上半场和下半场的同学创造性地站在了教室的正前方。他们用具身体验的方式，解读了集合的概念与关系。在分享他们的作品时，教师以采访的方式进行追问："你们为什么站在教室正前方？站在教室左前方的同学也参加了上半场，他们与你们有什么区别？站在教室右前方的同学，你们也参加了下半场，和正前方的同学相比，有什么区别？"等等。通过一系列的追问，引导学生进一步感受聚焦集合中的元素以及集合的交与并。

（三）评价反思：让必备品格在项目式学习中生长

在对照评价量规进行自我反思与优化改进时，组内作品交流环节，各个组员都能主动吸收同伴的建议进行自我完善；班级作品发布环节，各个组不仅介绍自己组的作品，还会介绍迭代完善的过程，而各组同学在汇报中与汇报后也都会自觉吸收、借鉴其他组的经验，真正实现了项目共研、作品共创。

在反思交流环节，很多组的同学都谈到：用图式（韦恩图）的方式，不仅能一目了然地看清参加上半场的人数、参加下半场的人数，还能非常清楚地展示出既参加上半场又参加下半场的人数。更为重要的是，在集合图中，我们不仅能看到参加上半场的人数，参加下半场的人数，重复参加的人数，还能看到只参加上半场的人数和只参加下半场的人数。有了这样的基础，在解决实际问题的过程中，就走出了"上半场人数＋下半场的人数－重复人数＝参加拍照的人数"的单一思维的禁锢。从而创造出了"只参加上半场的人数＋下半场的人数""上半场的人数＋只参加下半场的人数""只参加上半场的人数＋只参加下半场的人数＋重复参加的人数"等更为多元的解决问题的路径。图与式，共同构建了美妙多元的数学创造。

从"是这样吗"到"为什么是这样"再到"还可以怎么样"，是从一个人的思考走向一群人的思辨，是从一个人的创作走向一群人的创造，更是从一种思路的解答走向多元思路的融通。而在这样的共建、共创、共进中，我们不仅能看到数学学科关键能力的显性生长，我们还能感受到数学必备品格的隐性发展。

项目式学习，是方式，更是理念。项目式学习是理解当下的路径，也是通向未来的桥梁。项目式学习，从课外走向课内，从活动走向课程，需要我们每个人从概念走向理解，从理解走向实施，从实施走向创造。尝试项目式学习的过程，是成长的过程；实践项目式学习的过程，是成长的过程；记录项目式学习的过程，也是成长的过程。项目式学习，让成长可见。

第四节　基于主题整合的系列推进

从知识传授到素养培育，从单一维度到立体视角，从关注当下到指向未来，课堂需要变革，教学需要增值。以设计为载体，以素养为核心，基于学科超越学科，基于儿童为了儿童，通过主题整合的系列改进，实现教学的增值性发展。

一、夯实主题整合的根基：理解教材的编排特点

小学数学课程的内容结构包括显性的知识结构和隐性的思想方法结构。从数学教材的编排来看，既有数学知识的逻辑结构，又有数学思想的方法结构，呈螺旋上升的样态进行整体编排。对于教师而言，读懂教材，不仅要把握教材的知识结构，还要关注思想方法结构。

从小数的意义建构来看，作为教学设计者的教师，需要将小数的认识放置于数系的整体中进行观察与思考。整数、分数、小数的认识，是数与

代数领域的重要部分,是小学数学的基础与核心。而小数的认识在"数的认识"序列中又处于非常重要的位置。从数系的角度看,小数与整数、分数有着非常密切的联系。从应用的维度看,现实生活中小数的实际应用比比皆是。从认知的高度看,小数的学习对于培养学生的结构性思维和成长性思维大有裨益。

基于儿童认知发展的阶段性特征,小学数学教材一般分两个阶段安排小数的认识。第一阶段,基于现实情境,初步认识小数。第二阶段,逐步概括抽象,进行意义建构。苏教版两个阶段的教材进行了这样的编排(如图4-11):第一阶段在三年级上册安排了小数的初步认识,重视激活学生原有的认知经验,聚焦生活中的数学原型,在实践与探索中逐步建立数系关联;第二阶段则在五年级上册安排了小数的意义和性质,对于小数的意义建构,更为关注关系的可视化、认知的结构化和关联的系统化。

图4-11 苏教版小数的初步认识、小数的意义和性质教材编排

二、把握主题整合的前提：关注儿童的认知基础

小学数学教学，不仅要关注知识的来龙去脉和发生发展，还要聚焦儿童的认知基础与学习规律，从知识的形成发展线索和儿童的学习认知线索这两个维度进行整体设计。从小数的意义建构来看，学生已经具有了关于数、计量单位以及意义建构的模型的三大认知基础。

（一）儿童关于数的认知基础

小数与整数结构度相似、关系度密切，小数与十进分数又有着密不可分的联系。因而儿童关于整数、分数的认知基础对于小数的学习至关重要。

1. 对整数的认知基础：在小数的初步认识前，学生已经完成了万以内的整数认识。知道数位和计数单位，对"位值"和"十进制"有了比较充分的了解。在此基础上认识小数，能较为有效地进行正迁移。

2. 对分数的认知基础：在三年级上学期进行了分数的初步认识，知道将一个物体、一个计量单位平均分成10份，每份就是这个物体、这个计量单位的十分之一，几份就是这个物体、这个计量单位的十分之几。小数是十进分数的另外一种表达方式。因此，对于分母为10、100、1000……的分数的认识，为小数的认识提供了必要的结构支持。

（二）儿童关于计量单位的认知基础

1. 对长度单位的认识：在二年级已经完成了对于厘米、分米、米的认识，知道测量长度时需要使用长度单位，了解米、分米、厘米之间的进率关系，具有一定的测量经验，知道有时不能得到整数的结果。

2. 对人民币单位的认识：了解元、角、分是人民币的单位，知道"1元＝10角"和"1角＝10分"，具有一定的购物付款的经验。

无论是对于长度单位的认识还是对于人民币单位的认识，因其相邻两

个单位之间的进率是 10，与"十进制"有着紧密的关联，对于学生认识小数而言，都提供了结构化、形象化、情景化的经验素材库。

（三）儿童关于意义建构的模型的认知基础

从儿童呱呱落地开始，就在生活中、学习中不断接触各种各样的数。从生活中的数、情境中的数再逐步抽象为数学中的数。在此过程中，从具象到表象，从表象到抽象，逐步完成数学化思考的过程。

1. 在多元表征中认数

对于数的认识，学生常常需要经历从大量的、丰富的现实情境中，逐步提炼共性、抽象概括的过程。而在形象与抽象之间，计数工具就发挥着重要的桥梁作用。计数器、小棒、算盘、迪纳斯方块……如图 4 - 12 为数字 325 的不同表达方式，无论外在的形式如何变化，计数的载体如何丰富，其数学核心都是表示出了 3 个百、2 个十和 5 个一。在多元表征中，引导学生关注共同特征，实现从感性认识到理性认识的升华。

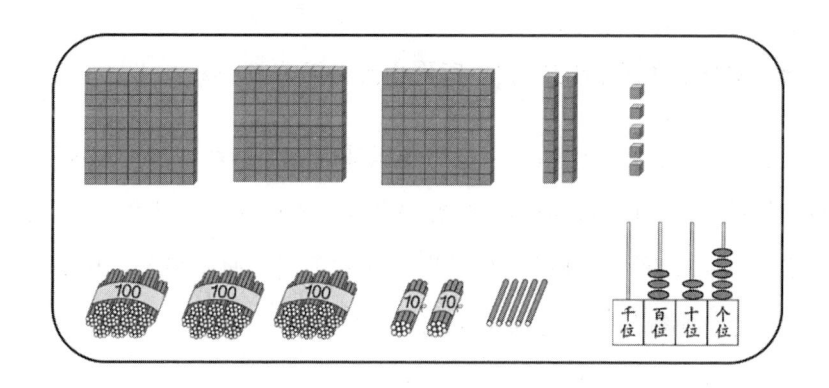

图 4 - 12　多元表征视野下的 325

2. 在数形结合中认数

数与形是数学研究的两个最古老也是最基本的对象。将直观的图形语言与抽象的数学语言建立起关联,往往可以起到事半功倍的效果。数形结合的思想方法,也是数学教学的一条重要的思想主线。著名数学家华罗庚先生就曾用"数形结合百般好"来表达数形结合的价值与意义。

在整数、分数、小数的认识中,借助各种直观图形语言可以帮助学生更好地理解抽象的数的概念。如图4-13为"千以内数的认识"中非常典型的数形结合的例子。学生可以借助点子图抽象出数,还可以在点子图与数线对照中感知数与图的对应关系;可以通过圆点的叠加感受数的增大,通过圆点的减少感受数的减小,并由此感受数轴上不同位置的数的大小关系。

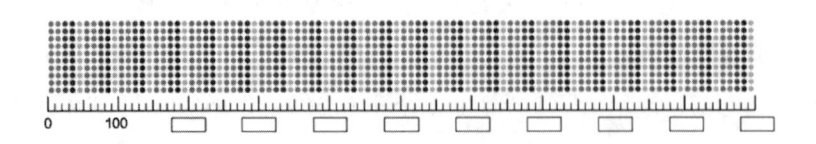

图 4-13 有多少个圆点

三、聚焦主题整合的关键:实现小数的意义建构

真实的学习,是学生基于原有的知识基础与经验基础,主动理解、建构意义的过程,是认知结构不断扩展并自我完善的过程。从数学的认知结构的生长方式来看,一种是同化,另一种是顺应。如何基于同化与顺应,引导学生进行小数的意义建构呢?

(一)让经验可借鉴

没有一位学生是空着脑袋走进课堂的。每一位进入课堂的学生,或多或少都带着自己的生活经验与数学经验。基于这样的观点再来审视小数的认识,我们会发现:虽然数的本质是抽象的,小数也不例外,但作为十进分数的另一种表示方式,在生活中可谓处处皆有、时时可见,应用十分广泛。同时，对于学生而言，测量长度的结果不是整米数、物品的价格不是整元数……这些都是生活中常见的运用小数的情境。

1. 基于测量经验进行设计

苏教版安排在第一阶段的小数的初步认识，就是基于学生的测量经验进行设计与实施的。两位同学测量课桌，发现课桌长 5 分米、宽 4 分米，如果用米作单位，不满 1 米，怎么表示呢？自然而然，激活了学生原有的生活经验与学习经验。如图 4 - 14，不满 1 米时，可以把 1 米平均分成十份，5 分米有这样的 5 份，就是十分之五米，还可以表示为 0.5 米。

测量情境细分 → 平均分成十份 → 得到十分之几 → 可以写成 0.____米

图 4 - 14 "不满 1 米"怎么表示

这样的情境化、任务型的挑战，对于学生而言，是站在新旧知识的连接点，实现数的认识的自主对接，完成认知结构的自我拓展。

2. 基于购物经验进行设计

除了借助测量经验展开教学，还可以借助购物经验进行设计。对于学生而言，超市中各种物品的价格大多是用小数表示的。虽然没有系统认识过小数，但对于生活中用小数表示的物品价格，学生都知道其具体意义为几元几角几分。因此，在教学设计中，教师可以通过"唤醒生活经验—激活数学认知—发现意义关联—建构初步认识"这样的线索进行具体实施。

以"一个购物袋 0.1 元，需要付多少钱？"为问题情境，引导学生在一个代表 1 元的正方形中用自己的方式表达 0.1 元。通过如图 4 - 15 中所呈现的学生各类作品的分析与比较，直观感知"0.1 元是一角"，"一角是一元的十分之一，也就是十分之一元"，十分之一元还可以表示为 0.1 元。

在自我创造与自我发现中，通过分一分、涂一涂、比一比、说一说等系列化的活动，建立起新的数与旧的数的联系，架构起小数与分数的桥梁，从而从意义理解走向意义建构。

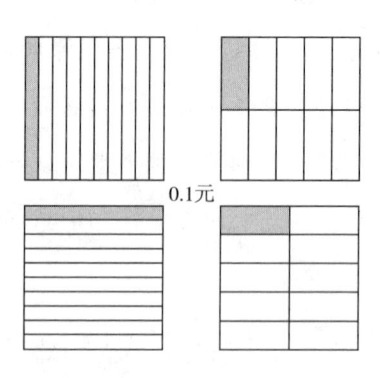

图 4-15　0.1 元的不同表示方法

（二）让图式可应用

以数学符号、图形、关系图等为载体的数学图式，兼具形象与抽象的特征。因此，在数的认识中，需要关注基于图式模型的设计，在形象与抽象之间形成增强回路。基于数学图式的教学设计，一方面需要基于学生已有的知识经验；另一方面又需要指向思维生长的实践路线。

1. 在变化中关联

在小数的初步认知中，基于价格模型引导学生进行自主建构，形成0.1元的直观图式，并在此基础上认识0.2元、0.3元……如图4-16，在代表1元的正方形的十等分模型建构的基础上，借助动态变形，完成"正方形图式—长方形图式—类米尺直条"的变化。

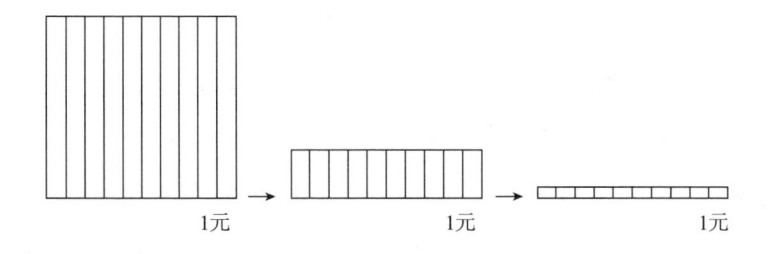

图 4-16 "正方形图式—长方形图式—类米尺直条"的变化

在变化中聚焦不变，引导关注小数的本质，十分之几的分数可以改写为一位小数。如图 4-17，进而在类米尺的直条中，从价格单位自然走向长度单位，再走向任意的其他计量单位，最终抽象为单位"1"，从而完成了在"正方形图式—直条图式—线段图—数轴"中认识小数的整体建构。

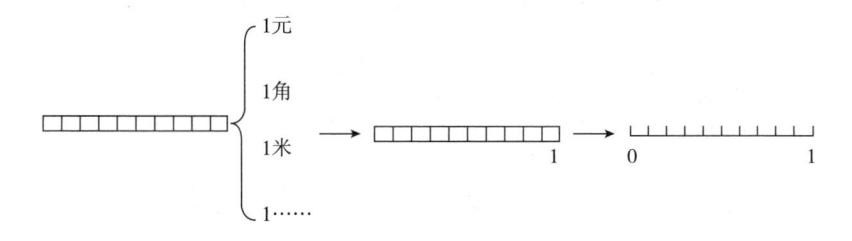

图 4-17 "正方形图式—直条图式—线段图—数轴"的变化

从具象的代表 1 元的正方形图式模型，进而逐步剥离现实意义到代表 1 的线段图式模型，并在此基础上抽象为数轴图式模型，结构化的设计、系统化的内容、成长型的思维，让教学成为可延展、可持续、可迭代的过程。

2. 在关联中变化

在小数的初步认知中，借助测量经验，基于长度单位模型，可以较好地完成十进分数与小数的链接。在此基础上，如何实现长度单位模型与价格单位模型的有机对接，从而在丰富的生活原型中寻找共同的数学图式表达？

图 4-18 呈现的就是在长度单位模型认识与研究的基础上，教师引导学生从元与角的关系入手，从具体形象的 1 个 1 元硬币的价值与 10 个 1 角的硬币价值相等，逐步过渡为代表 1 元的长方形平均分成 10 份，进而抽象为单位线段的过程。在这样的关联中，我们感受到的是两种计量单位的生活模型在数学的视域中实现了统整与归一。

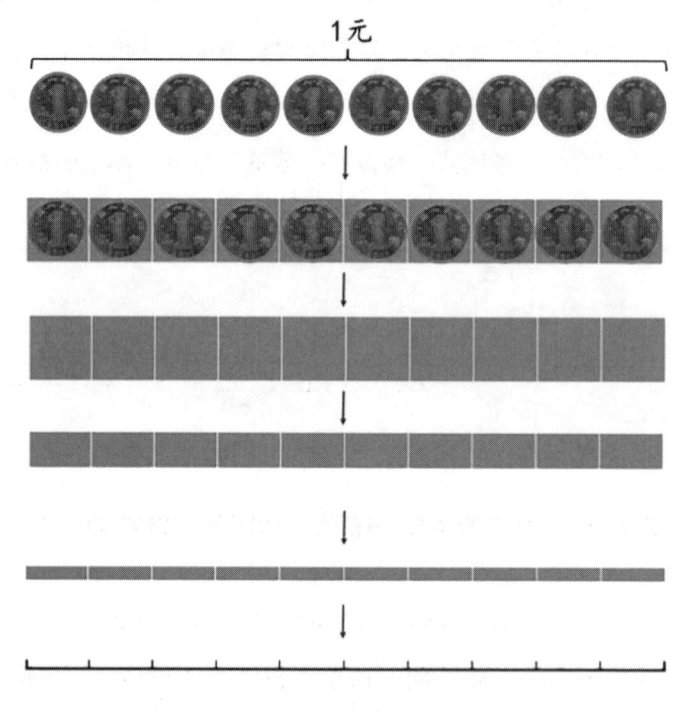

图 4-18　从元与角的关系到单位线段的过程

从以图为基、按图索骥，到建立联结、族群化归，从可见的图式到可感的图式，从物化的表征到心理的图式，模型可见，思维可见，生长亦可见。

(三) 让结构可迁移

好的数学教学，善于找寻联结、找准关系、找到方法，以结构模型导引，实现正向迁移，从而使数学知识"像树一样生长"。如图 4-19，引导学生从"前结构水平"走向"单点结构水平"，进而走向"多点结构水平"，再走向"关联结构水平"，最终走向"拓展抽象结构水平"。

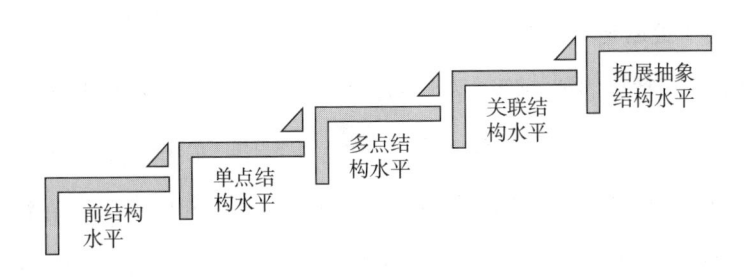

图 4-19　学习结果进阶图

1. 基于直观进行结构性研究

对于"十进制计数法"的认识以及对分数的初步理解，是学习小数的两个重要基础。在第一学段学习"小数的初步认识"时，主要的研究载体是元、角、分和米、分米、厘米、毫米，这两类计量单位的共同特点是相邻单位间的进率都是10。因此，在研究小数的意义时，充分利用直观素材可以帮助学生进一步将小数的意义与十进制关系建立联系。

各个版本的教材都充分运用了"米尺"这一直观载体，引导学生借助测量的经验、基于对长度单位的认识以及通过对刻度线的观察，从而获得小数的意义与十进制关系的直观性与机构化认识。图 4-20 为苏教版第二阶段小数的意义和性质的学习导引示意图。

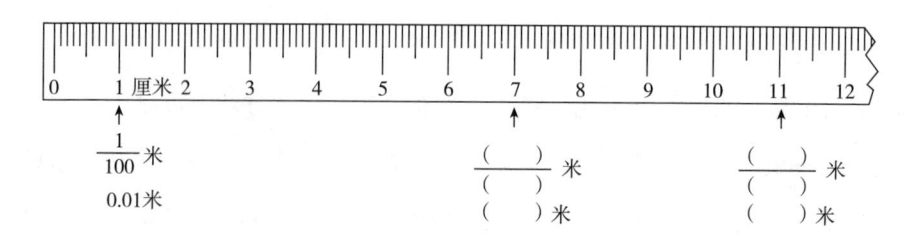

图 4-20　苏教版第二阶段小数的意义和性质的学习导引示意图

2. 基于经验进行结构性推理

在苏教版教材的第一阶段学生在小数的初步认识中,对于十分之几可以表示为一位小数有了较为深刻的理解。第二阶段中,着力引导学生在"长度背景"中依次用"米"作单位的分数表示出几分米、几厘米和几毫米,并由"一位小数表示十分之几"类推出"两位小数表示百分之几,三位小数表示千分之几……",充分发挥学生已有的生活经验、知识经验和方法经验在理解小数意义过程中的支撑作用,尝试基于经验进行合理推理。

基于经验进行结构性推理,有助于学生在大量的形象化、情境化的背景中,进一步抽离与概括,形成对小数的意义的初步归纳,从而形成对小数意义的自我建构。

3. 基于图式进行结构性演绎

如果说基于情境逐步抽象、概括、归纳,是数学建模的重要步骤,那么基于图式进行解释、说明、演绎,则是数学建模的重要方面。在小数的意义的教学中,怎样进行基于图式的结构性演绎呢?

如图 4-21,我们可以引导学生通过回忆第一阶段认识小数中基于对 1 元的认识而产生的 0.7 元的图式,在此基础上进一步给出比 0.7 大又比 0.8 小的小数的结构图式,引导学生想办法表示出涂色部分的数值。面对认知冲突,学生能够想到继续细分,将这一小格再分为十等份,相当于将整个图形平均分为 100 份,从而获得准确的数学表达 0.78。解决了这一挑战性的问题，学生面对再增加一小块涂色部分，就能以此类推，继续均分，从而获得 0.782 这个三位小数。这样的过程，可复制、可持续、可迁移，从而在"新冲突—再细分—新小数"的认知链中，从十分之几到千分之几，从一位小数到三位小数，从 10^{-n} 到 n 位小数，实现了对于小数意义认识的逻辑自洽与结构再生。

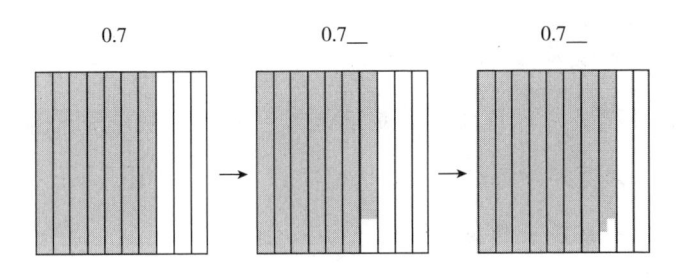

图 4-21　用小数表示涂色部分

如图 4-22，在这样的学习与研究过程中，从正方形模型均分及小数表达到正方体模型的均分与小数表达，进而拓展为数轴模型的小数表达，结构模型可以迁移，认知模型得以拓展。

下面每个图形都表示整数"1"，把涂色部分分别用分数和小数表示出来。

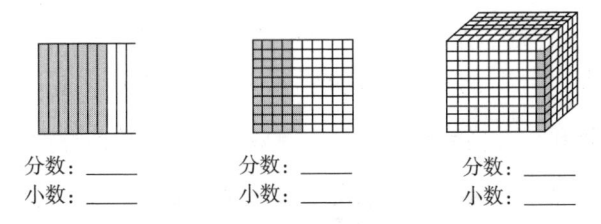

分数：_____　　分数：_____　　分数：_____
小数：_____　　小数：_____　　小数：_____

图 4-22　用小数表示涂色部分

最好的设计，其实是最美的预见，更应是最美的遇见。有专业视野，有专业解读，方能预见。有专业实践，有专业坚守，方能遇见。而在预见和遇见之中，教学的增值正在悄然发生。

第五章
评价篇：跳出课堂看评价

> 改进结果评价，强化过程评价，探索增值评价，健全综合评价，是深化新时代教育评价改革的重要原则。为什么而评价？怎样评价？评价什么？需要每一位教育工作者用实践作答。设计每一个评价的场景，捕捉每一个成长的瞬间，记录每一个生命的乐章。评价，让数据可视；评价，让成长可见；评价，让进步发生。

第一节 发挥项目化评价的导向功能

在"双减"政策，且小学一二年级不进行纸笔考试的要求下，如何推进"学—教—练—评"的一致性研究？如何科学、全面、适切地对学生的学科素养进行评价？如何系统、整体、有效地发挥评价的导向功能？

以二年级数学学科为例，我们尝试基于项目式学习的理念与实践进行期末评价改革。

一、以终为始的目标设定

如何超越纸笔测试实现评价的新进阶？如何让考核变得有意思？如何让复习变得有意义？我们的回答是——把二年级数学的复习与考核变身为

"数学嘉年华"的设计与实施之旅。

面对新评价的现实需求,需要教师学会使用新工具、迭代形成新思维、创造应用新场景。项目式学习倡导以学习者为中心,以问题为驱动,以成果为导向,以探究为基础,以合作为方式,以评价为支持,以作品为载体,助力深度学习,培育高阶思维,实现问题解决。我们的目标是在"数学嘉年华"的设计与实施中,每一位学生都能在教师指导、个体实践与团队协作中,经历自我梳理、自我总结、自定主题、自创形式、自编量规、自主反思、自我优化的全过程。

二、多维角色的情境设置

谈到"数学嘉年华",很多教师都会联想到每个学校期末组织低年级学生进行的学科游艺活动。各校学科游艺活动的共通点是以学科核心知识与关键能力为核心,以情境闯关与游艺活动为方式,对每位学生的学科学习效能进行专项评价。

如何在传统游艺活动的基础上,实现评价系统的多维进阶呢?从以往嘉年华活动的设计与组织来看,每位学生只是以被评价者的身份参与到期末游艺活动中。而以项目式学习的视野再来审视"数学嘉年华"活动,我们就可以用"设计者、参与者、创造者、体验者、评价者"等多维角色的视角,将"数学嘉年华"活动进阶为学生学科核心素养生长、团队协作意识增强、创新实践能力提升的重要载体。在这样的迭代中,学生从活动的跟随者变为自主的行动者,从被动的参与者变为主动的创生者。通过师生的合作共创,共同开启有意思的复习之旅、设计之旅,共同开创有意义的评价之旅、创造之旅!

三、指向成长的内容设计

"数学嘉年华"这个项目,产生于期末复习与考核阶段,指向学科的核心与关键，聚焦学生的关心与关切，回应儿童的呼声与需求，助推师生的共研与共创。

从流程安排与内容设计来看，"数学嘉年华"项目可以分为入项导引、分项研究、系统设计、项目汇报、具体实施五大阶段。入项导引阶段以挑战性问题为核心，激发兴趣激活思维，将"如何设计一场数学嘉年华活动"这一核心问题分解细化，解析为一系列的问题串——"嘉年华主题怎么选？嘉年华项目怎么设？嘉年华内容怎么定？嘉年华评价怎么办？"在分项研究与系统设计阶段，需要学生以数学为基本载体，聚焦数学核心知识与关键能力进行自我梳理，关注数学知识结构与相关内容进行自我总结；需要师生共同基于调查数据分析选定嘉年华活动主题，基于学期内容分类设计嘉年华活动项目，基于学科素养评价确定分项内容考核量规；需要团队合作进行活动方案的项目整合与调整迭代，持续开展评价量规的合作讨论与反思优化。在此过程中，还需要充分借助思维导图工具进行结构化梳理、线上问卷工具进行数据化分析、PPT文稿工具进行图文化编辑等。项目汇报阶段，通过团队合作、评委提问、分组答辩，实现设计方案的智慧众筹与再次优化。具体实施阶段，一方面包括学科嘉年华现场的物料准备、人员安排与路线设定；另一方面更重要的是嘉年华各个项目的活动式参与和体验式评价。

四、回归素养的系统评价

好的"数学嘉年华"活动是基于数学的，有着浓浓的数学味道。而这浓浓的数学味道，来自每一位设计师，也就是参与项目的每一位学生对于数学内容与结构的整体性把握，来自他们对于数学思维与方式的结构化表达。

例：数学核心内容思维导图评价量规

表 5-1　数学核心内容思维导图评价量规

	☆☆☆☆☆	☆☆☆☆	☆☆☆
结构表达	知识结构准确；层级关系清晰；分类比较科学	知识结构比较准确，有个别分类可以合并、调整或者有个别遗漏需要补充	有一定的知识结构，分类或层级关系需要重新调整或补充
内容表述	内容表述科学准确，有简洁的文字说明或画图说明、样例说明	内容表述比较准确，部分有文字说明或画图说明、样例说明	内容表述有些需要调整，需要增加文字说明、画图说明或样例说明

好的"数学嘉年华"活动是指向儿童的，有着甜甜的趣味。而这甜甜的趣味，来自每一位实践者，也就是参与项目的每一位学生对于组织方式的自我表达，来自问卷与访谈的数据流，来自辩论与分享的思想流。

例：分项活动方案的评价量规

表 5-2　分项活动方案的评价量规

	☆☆☆☆☆	☆☆☆☆	☆☆☆
内容	紧扣本项目涉及的数学核心知识与关键能力	有与本项目相关的数学核心知识与关键能力，但有1—2项遗漏需要补充	有与本项目相关的数学核心知识与关键能力，遗漏2项以上
方式	基于嘉年华总主题，设计了二年级学生喜欢的活动方式，且操作性很强	根据活动主题设计方式，且有一定的趣味性，但操作性还需要加强	情境与主题相关，方式与内容相关性不高。趣味性、操作性不够
评价	有明确的分级评判标准，评价标准科学且可测量	有比较清晰的分级评价标准，标准的表述需要关注可测性	有分级评价标准，需要加强科学性与可测性

好的"数学嘉年华"活动，是聚焦生命的，有着缤纷的成长味。而这缤纷的成长味，来自每一位指导者，也就是参与项目的每一位教师对于儿童的相信、理解与敬畏，来自教师对于儿童的陪伴、指导与关怀。

这样的素养评价，不仅聚焦着学科核心素养目标，基于本学期的数学核心知识与关键能力进行结构化评价，还链接着跨学科素养目标，不断引导学生关注可以实现跨学科的迁移的结构化思维的能力、跨领域交流的能力、互补性合作的能力、创造性设计的能力等。

这样的期末考核评价，最终留下的不仅仅是"数学嘉年华"游艺活动中各个项目里指向学科素养的一枚又一枚印章的印记，还有更多的是师生共同创造的过程性评价量规中一颗又一颗星星的点亮。教育，即生长。教育评价，亦然。

第二节　聚焦专项化评价的指导功能

早在1962年，运算、空间想象、逻辑推理三大关键能力就已经写入了小学数学教学大纲。2011年版《义务教育数学课程标准》则提出了十大核心概念：数感、符号意识、空间观念、几何直观、数据分析观念、运算能力、推理能力、模型思想、应用意识、创新意识。2022年版《义务教育数学课程标准》则提出了"三会"，在十大核心概念的基础上增加了量感。回溯数学教学的发展历程，无论是三大能力还是十大核心概念抑或"三会"，"运算能力"这一核心与关键始终位列其中。

面对"运算能力"这一关键能力，教师和学生也深感其重要性。对于教师而言，计算是寸土必争的半壁江山。对于学生来说，计算也是数学大厦最为重要的基础之一。然而，与观念认识上的高度重视不完全匹配的却是实际计算中的高频错误。

一、聚焦计算错误的具体类型

三年级数学期末调研结束后，学校备课组就计算教学进行了专项聚焦与数据分析。笔者在参与该次三年级数学期末调研的 11 个班中，抽取了 1 个班 33 份学生样本进行数据分析与错源追踪。选择该班的原因是学生的计算过程留存在卷面的比例在全年级中最高。本次调研，直接标明为计算类型的共有三种，分别为口算（10 小题，共 5 分），竖式计算（4 题，其中一题要求验算，共 10 分），混合运算（4 题，共 12 分）。全班三大类计算总得分率为 96.01%。纵观全部试卷，计算失分主要有以下几大类：

（一）符号误判型

主要表现为相关运算符号在计算中错误地加以运用。其一表现为在计算中符号抄写错误，如"7.4 + 5.7"在竖式计算时抄写为"7.4 - 5.7"；其二体现为运算中符号使用错误，如在计算"0.9 + 0.5 - 0.4"时，应计算"1.4 - 0.4"却算成"1.4 + 0.4"，又如两位数乘两位数的竖式计算中要把两次乘得的积相加，但学生看到 3 和 2 自然而然想到了"二三得六"，算成了乘法。

（二）抄写有误型

表现为原题中数据在竖式计算中抄写错误，主要体现为反序。两个数据出现交叉互换，如"50 × 64"抄写为"54 × 60"；同一数据中不同数位上的数互换，如"69 × 45"抄写为"69 × 54"。另外也鲜有出现图 5-1 的抄写出错类型，应该计算的是"48 × 47"，但学生把 47 误抄写为前一

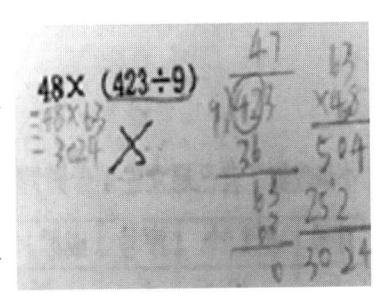

图 5-1

个竖式的最后一步计算结果 63。

（三）漏题遗忘型

最明显的表现为直接漏题，如试卷中口算的最后一列个别同学出现遗漏，竖式计算中打星号的一题需要验算，2 位同学没有进行验算。而在小数计算时，数位对齐后计算后，遗忘了结果中需要点上小数点（如图 5–2）。

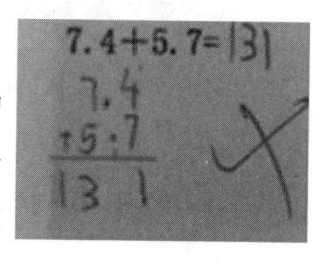

图 5–2

（四）基础不牢型

从试卷的一道填空题来看，学生面对退位减的错误率直线飙升。在计算"43×21"时几乎所有的学生都可以准确得到 903 这一乘积。但是在计算"1000–903"需要连续退位时，有的学生用了口算，有的学生使用竖式，但面对连续退位都"败下阵"来了。无独有偶，在试卷中其他类型中，遇到退位减法的错误情况也时有出现。如"5.2–4.3"以及"54–18"分别属于小数及整数的退位减法类型，学生在计算中都出现了明显的错误。

（五）算理不清型

在本次调研中，"$1-\dfrac{7}{9}$"这道口算得分率较低。通过学生访谈，我们可以进一步了解错误的成因。对于 1 是什么，在本题的计算中，大部分学生回想到的是均分成 10 等份的正方形，对于总份数是 10，印象深刻。因此在计算中，就出现了 0.3 以及 $\dfrac{3}{9}$ 的答案。而能够想到 1 就是 $\dfrac{9}{9}$ 的，在 $\dfrac{2}{9}$ 与 0.2 之间又建立了等量联系。从答案的"丰富性"可以了解到，对于一位小数与十进分数的联系还需要科学而完整的建构，单位 1 的概念建立还可以在变式中进一步加以完善。

（六）探索有误型

对于三年级学生而言，常常有一些眼高手低的情况出现。家长多有抱怨，明明是两位数乘两位数，孩子居然也是不使用竖式，完全凭口算，不出错就成了小概率事件。恰巧，在这份试卷中，我们看到了一位学生没有使用竖式，而想借助自己的方法计算两位数乘两位数的全过程（如图5-3）。

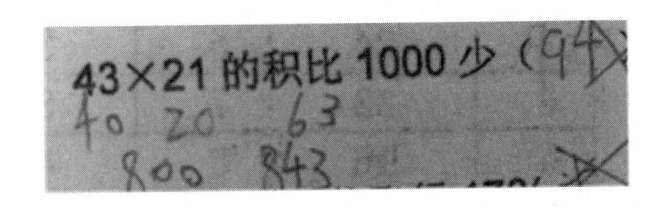

图 5-3

通过学生留下的计算手稿，我们大体可以读懂他的解题思路。要想计算"43×21"，这位学生是受乘法分配律早期孕伏的影响，把两位数乘两位数的计算转化为整十数乘整十数以及两位数乘一位数进行的。在他的理解里，"43×21"应该等于"40×20+3×21+1×43"。乍一看，还真有点道理，然而仔细思考，就会发现算理出错了，"1×3"重复计算了，得到的结果就比正确结果多3。

归纳以上六种典型的错误，我们不难发现"符号误判型""抄写有误型""漏题遗忘型"这三类有很强的关联，其错误发生机制归属于心理学范畴，涉及注意力的分配。"基础不牢型""算理不清型"这两类也有明显的正相关，其错误发生机制归属于数学教学方法范畴，涉及算理的理解、算法的掌握及有效练习等问题。最后一类"探索有误型"体现了学生对于未知的一种尝试与探索,虽"有误"但"有意义""有价值",可化"误"为"悟"。

二、提升计算能力的有效策略

(一)注意力提升的针对性训练

针对"符号误判型""抄写有误型""漏题遗忘型"这三类典型错误,教师需要整体设计注意力提升的相关内容,并指导学生进行针对性练习。

科学家们发现,大脑是以图像的形式进行思考的,我们在物质世界所看到的一切,其实都是我们自身的大脑神经元所绘制。网状结构和前额皮层(使我们能够长时间地把注意力集中于一个物体的大脑部位)在青春期到来时尚未完全髓鞘化。[①]

因此,如何帮助学生去关注学习过程的不同方面,关注计算过程的各个细节,变得尤为重要。我们可以通过视觉训练,帮助学生提升自我注意力,向着更为全面与精准的方面发展。在视觉训练中,可以让学生进行绘画或者拼图练习。贝蒂·艾德华(《像艺术家一样思考》的作者)的方法是,"让训练者画出一个物体,通过仔细观察后再现,不过其中一个诀窍是把物体画成倒置的"。这样的练习,可以帮助训练者觉察到更多的细节。而超脑麦斯项目中的各种拼图游戏,也完全可以帮助学生整体在大脑中构建图形,并根据细节完善图像。

(二)基础性计算的加强型练习

"基础不牢型"的计算错误,看似纠错最简单,但其错误的再发率却极高。数学运算能力的培养需要早期加强并持续跟进,尤其作为基础之基

---

① [美]谢弗(Shaffer, D. R.),等. 发展心理学:儿童与青少年[M]. 邹泓,等译. 北京:中国轻工业出版社,2009:188.

础的 20 以内加减法、表内乘除法、进位加口算，需要在一二年级打下扎实的基础。

一是需要加强 20 以内进位加与退位减的运算能力培育。从理解算理、选择算法并最终达到熟练化与自动化，从知识层面的理解走向技能层面的掌握。通过观察三年级运算能力较差的多位学生，不仅可以观察到基础计算能力的严重缺位，甚至可以发现借助手指进行扳指运算的学生仍然存在。对于连续进位加与连续退位减更需要综合提升其进退位计算的能力。

二是需要加强"九九乘法"口诀的记忆与运用练习。不仅有正向的口诀直接运用，也有交换顺序的口诀变式运用，更有除法计算的口诀逆向运用。通过多种方式、多重变化，使得口诀从文本记忆走向工具运用。

三是需要加强乘加算式的视算练习。二年级出现乘加算式时，部分教师为了提升计算的正确率，要求学生将乘法结果写在乘法算式的下面，然后再进行加法计算。殊不知虽然二年级时此举确实有助于提升正确率，但对于三年级乘法竖式计算无异于本末倒置。如若学生没有经过乘加口算的专项训练，三年级时通过视算快速完成乘加的全过程，几乎是不可能完成的任务。

（三）结构性生长的系统化建构

"算理不清型"的计算错误，其根本解决的路径在于计算教学的有效设计与高效实施。需要教师关注三个系统：教材的知识系统、课堂的组织系统、学生的学习系统。

1. 理清知识的前沿后续

纵观苏教版小学数学教材，在每一册中均集中编排专门的计算单元，还有一些计算内容与数的概念进行混合编排。

基于教材编排特点，需要教师胸中有丘壑，既要了解教材的前面有什么，学生已经掌握了什么，又要知道教材后面有什么，学生后续还将学习什么。以两位数乘两位数为例，教材中已经涉及的是两三位数乘一位数的乘法计算，两位数乘两位数的计算对于学生而言，在认知上是一个飞跃，需要两次完成两位数乘一位数的运算，同时因为乘数分别是个位上的数及十位上的数，因此所表示的意义也不相同。乘法分配律的运用、位值的概念、0 的省写等，都会造成学生认知上的困难。而后续学生还将借助两位数乘两位数的算理与算法，自主迁移形成三位数乘两位数甚至多位数乘多位数的整体结构。有了这样的认知，"讲"有系统，系统地"讲"，才能以一当十、事半功倍。

2. 关注教学的前呼后应

对于教师而言，理清计算教学的结构非常重要。小学阶段，涉及整数、小数及分数的计算。其中整数计算是分数计算及小数计算的基础。而在整数计算中，20 以内的加减法、表内乘除法是整数加减乘除计算的基础。只有寻找到计算大厦的根基，并且在根基上不断着力、加固，方能使得计算大厦可以不断往更高处建构。

以两位数乘两位数为例，其核心与关键之一是讲清算理、理解算法。为什么可以分成两次相乘再相加？为什么用第二个乘数十位上的数去乘第一个乘数，乘得的积要写在十位上？为什么第二次乘得的积个位上的 0 可以省略？其核心与关键之二是夯实基础、形成技能。两位数乘两位数的计算其基础仅仅是表内乘法口诀吗？答案肯定不是。除了表内口诀之外，在计算过程中遇到某一位上的乘积是两位数需要进位时，需要学生在头脑中完成乘加的过程。如图 5-4 中乘积中十位上 7 的得来，就是学生在头脑中计算 "$2 \times 3 + 1$" 的结果。而在两次乘得的积相加的过程中，常常会出现进位情况，也同样需要学生的进位加技能过硬。少了任何一个环节，两位数乘两位数计算技能的形成，都会大打折扣。

图 5-4

3. 聚焦学习的前思后想

我们的大脑需要学习，而且也始终处于学习之中。大脑是一个关联度非常强的"类网络中心"。增强各个元素之间的关联，可以有效地促进大脑的自我学习与整体建构。关于运算的若干概念、原则与方法，在学生的认知结构中，不应是散落在各处的珍珠，而应连点成线，连线成面，连面为体，形成一个关系稳固、结构稳定的网络。

小学数学的内容编排涉及六个年级十二册，不同版本的教材每册一般都有8—10个单元。这些内容中，有核心内容、关联内容与从属内容之分。核心内容，应当是学生后续学习新知识的重要基础，也应该是发展学生的数学思维能力、问题解决能力等关键能力的不可或缺的重要部分，能反映数学学科的基本问题，也能连接数学学科体系中的诸多内容。数学教学中，教师若能关注对少量主题的深度覆盖，往往能起到事半功倍的效果。

在尝试进行异分母分数加减法时，很多学生都会想到转化为同分母分数加减法。但教学不能到此为止，学习不能仅此而已。从计算的本源出发，引导学生讨论：异分母分数加减法为什么要通分成同分母分数进行运算？学生就会发现不仅是因为学过同分母分数的加减法，更为深层次的原因是不同计数单位的数不能直接相加减。继续研究与讨论，学生还会发现异分母分数的加减法转化为同分母分数加减法与整数加减法数位对齐、小数加减法小数点对齐后进行计算的原因如出一辙。分数计算、整数计算、小数计算，因为"相同计数单位的数才能直接相加减"这一本源性规则而统一到了一个结构体中。在这样的视野下，面对调研案例中"1与真分数相减"的题目，学生就能从计数单位相同的原点出发，并最终寻找到正确的结果表达。

在这个过程中，学生所需要做的是呈现自己的思考、展示自己的过程，甚至有的时候就是暴露自己的错误。如果教师不知道、不明了学生的所思所想，而只是一味地教授、一味地讲解，那么学生对于数学的已知与未知、正解与误解，我们都无从知晓。关注学生学习中的疑惑与困惑，聚焦学生思考时的思路与方法，才有可能做到促进深度学习的发生。

（四）个性化算法的创造性开发

在实践中我们常常会发现，每一个学生都有着自我探索、自我创造的欲望。在计算中，也往往想独辟蹊径、巧走捷径。"探索有误型"往往具有化腐朽为神奇的力量。教师需要看到这样错误背后宝贵的创新意识，并有意识地利用这种错误案例，引领学生一起发现、共同创造。

一方面，教材中提供了这样的探索规律、运用规律的载体。如乘数是11的两位数乘两位数巧算等。通过观察、猜想、验证，学生较为容易地发现"两头一拉中间相加"的巧算方法。另一方面，教师也可以引领学生共同去探寻规律、创造算法。如两位数乘两位数，如图 5-5 除了教材介绍的中国古代的"铺地锦"，教师还可以介绍"画线数点法"，并引导学生进行对比，铺地锦、画线数点法以及竖式计算之间的沟通与联系。在此基础上，出示学生自创的案例，分析其错误原因。三种方式，外在表达各不相同，但其内在的创造合理性却完全一致。

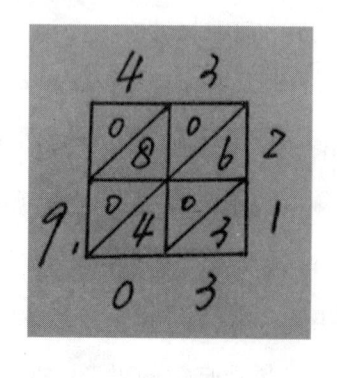

铺地锦 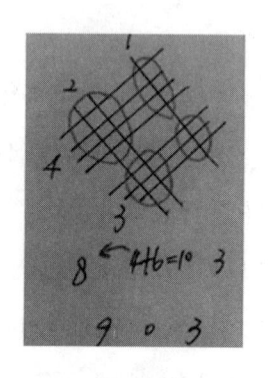　　　　　　　画线数点法

图 5-5

正视错误与积极悟错，是一种方式、一种态度，也是课程观与教学观的体现。这样的方式与路径，从显性意义上来看可以帮助我们解密计算的"黑匣子"，而从隐形意义上来说可以引领我们真正"从儿童出发"和"与儿童同行"，这才是数学教育向着更有趣、更有形、更有效、更有意义的路途上发展的根基。

第三节　关注诊断性评价的导引功能

重视诊断性评价的导引功能。在"双减"政策背景下，如何确保"学—教—练—评"的一致性？我们尝试在作业与练习的评价与反馈中，实现学科素养分析对"学与教"的精准把脉与科学指导。

根据学科核心素养的要求，精心设计课时练习、单元练习及综合练习。基于练习过程中产生的数据，进行聚焦素养发展的整体分析。我们以《义务教育数学课程标准（2022年版）》核心素养为核心关注点，进行校本化、年段化、具体化的评价框架设计。

一、素养表现分级水平的划分

对于小学生而言，这些核心素养需要结合数学课程标准在小学阶段安排的具体学习内容以及小学生的年龄心理特点加以界定，其具体表现也具有相应的小学数学特征。以二年级下册第六单元"有余数的除法"为例，从培养学生数感、符号意识、运算意识和推理意识四大素养出发，结合学生具体学习内容将进行素养表现分级水平的划分。

表5-3 "有余数的除法"单元学生素养表现分级水平划分

素养表现	素养内涵	水平一	水平二	水平三
数感	对数与数量、数量关系及运算结果的直观感悟	能够在真实情境中理解数的意义,能用数表示物体的个数或事物的顺序	能在简单的真实情境中进行合理估算,作出合理判断	能初步体会并表达事物蕴含的简单数量规律
符号意识	能够感悟符号的数学功能	知道符号表达的现实意义;能够初步运用符号表示数量、关系和一般规律	知道用符号表达的运算规律和推理结论具有一般性	初步体会符号的使用是数学表达和数学思考的重要形式
运算意识	根据法则和运算律进行正确运算的能力	能够明晰运算的对象和意义,理解算法与算理之间的关系	能够理解运算的问题,选择合理简洁的运算策略解决问题	能够通过运算促进数学推理能力的发展
推理意识	对逻辑推理过程及其意义的初步感悟	知道可以从一些事实和命题出发,依据规则推出其他命题或结论;能够通过简单的归纳或类比,猜想或发现一些初步的结论	通过法则运用,体验数学从一般到特殊的论证过程	对自己及他人的问题解决过程给出合理解释

二、素养表现评价标准的设计

结合以上数学核心素养的表现水平划分,精选人教版数学教材及朝阳区新目标检测及自编习题对学生进行素养水平诊断与分析,形成相应的评价标准。

表5-4 "有余数的除法"单元学生素养表现评价标准

考察素养	考察内容	习题设计	水平指标
数感、运算意识、推理意识	有余数除法的含义	9支铅笔,每人分2支。可以分给( )人,还剩( )支。 9÷2=□(人)……( )(支) 9支铅笔,平均分给4人。分一分,把分的结果画出来。 每人分( )支,还剩( )支。 9÷4=□(支)……( )(支) 1. 画一画,填一填; 2. 尝试自己画图表示"17÷4=4……1"; 3. 说一说除数的4和商的4分别表示什么含义? 4. 什么时候商和余数的单位相同,什么时候商和余数的单位不同呢?	1. 能正确做出第一题,运算意识达到水平一; 2. 能正确做出第二题,数感达到水平一,如能画出包含和等分两种关系的图,则数感达到水平二; 3. 能正确做出第三题,运算意识达到水平一; 4. 能说出等分关系下单位相同,包含关系下单位不同,推理意识达到水平一

续表

考察素养	考察内容	习题设计	水平指标
运算意识	除法算式各部分的关系	计算下面各题，你有什么发现？ $46÷7=$　$28÷5=$　$74÷8=$ $7×6+4=$　$5×5+3=$　$8×9+2=$	1. 能按照运算法则正确计算出题目达到运算意识水平一； 2. 在计算下面的题目时直接用上面题目的被除数达到运算意识水平二； 3. 能够总结出：被除数＝除数×商＋余数、互逆关系或"好朋友算式"达到运算意识水平三
数感、运算意识	除法竖式和试商	在□中填上合适的数。 （竖式图） 7)□□　　□)3 5 　4 2　　　□□ 　　1　　　　5	1. 能正确做出第1题数感达到水平二，运算意识达到水平二； 2. 能正确做出第2题数感达到水平二，同时运算意识达到水平三
数感、运算意识	用进一法解决实际问题	有38名同学去公园划船，每条小船限坐4人，每条大船限坐6人，要使每条船都坐满，一共有（　）种方案。选择喜欢的方式展示出你思考的过程	1. 用尝试调整的方法找出方案，数感达到水平二、运算意识达到水平二； 2. 能用枚举法按照一定顺序找出方案，数感达到水平三、运算意识达到水平三
符号意识、运算意识、推理意识	运用除法解决规律性排列问题	1，1，2；1，1，2；＿，＿，＿。 A，A，B；A，A，B；＿，＿，＿。 □，□，⌂；□，□，⌂；＿，＿，＿。 1. 在横线上填上合适的数字、字母和图形； 2. 第16个数字应该是什么？第16个字母是什么？第16个图形是什么？ 3. 按照"黄黄红黄黄红黄黄红"的规律摆小旗，第16面小旗是什么？你是怎样想的？	1. 能正确填出数字、字母和图形，符号意识达到水平一。 2. 能用画图法正确做出第二题，推理意识达到水平一；能用除法算式正确做出第二题，推理意识达到水平二，同时运算意识达到水平二。 3. 能用画图法正确做出第三题，推理意识达到水平一；能用除法算式正确做出第三题，推理意识达到水平二，同时运算意识达到水平二；能用类比的方式，知道1－A－□－黄是同一类事物，符号意识达到水平二

三、基于数据形成诊断性评价

根据相应的评价标准，对二年级学生进行作业分项评价。通过对每一位学生的数据记录及全体学生的数据分析，形成关于除法单元学习的诊断性评价表（如图5－6）。

题号\核心素养	A2 数感	C1 数感	C2 数感	D 数感	A1 运算	A3 运算	B 运算	C2 运算	D 运算	E2 运算	E3 运算	E2 推理	A4 推理	E3 推理	E1 符号	E3 符号
0301	1			2	1	0	3	3	2	2	2			2		1
0302	0	0	0	0	1	0	3	3	2	2	2			2		
0303	1			2	1		3	3	2	2	2			2		
0304	1			2	1		3	3	2	2	2	1		2		2
0305	0	0	0	2	1		3	3	2	2	2			2		
0306	1			2	1		3	3	2	2	2			2		
0307	0	0	0	2	1		3	3	2	2	2			2		
0308	1			2	1		3	3	2	2	2			2		
0309	0			2	1		3	3	2	2	2			2		2
0310	1			2	1		3	3	2	2	2			2		
0311	1			2	1		3	3	2	2	2			2		
0312	1			2	1		3	3	2	2	2			2		
0313	1			2	1			3	2	2	2			2		
0314				2	0		3	3	2	2	2			2		
0315	1			2	1		3	3	2	2	2			2		

图 5-6 除法单元学习诊断性评价表

经过分析可以发现，92%的学生运算意识达到水平三，67%的学生数感达到水平二，27%的学生数感甚至达到了水平三。作为本单元的重要教学目标，学生学习达成度高。综合四大核心素养整体来看，也为教师后续的数学教学中更加注重对学生符号意识和推理意识的培养指明了方向。而一生一表的个性化数据分析，也将推动一生一策的有效实施。图 5-7 为"有余数的除法"学生数学素养表现分析。

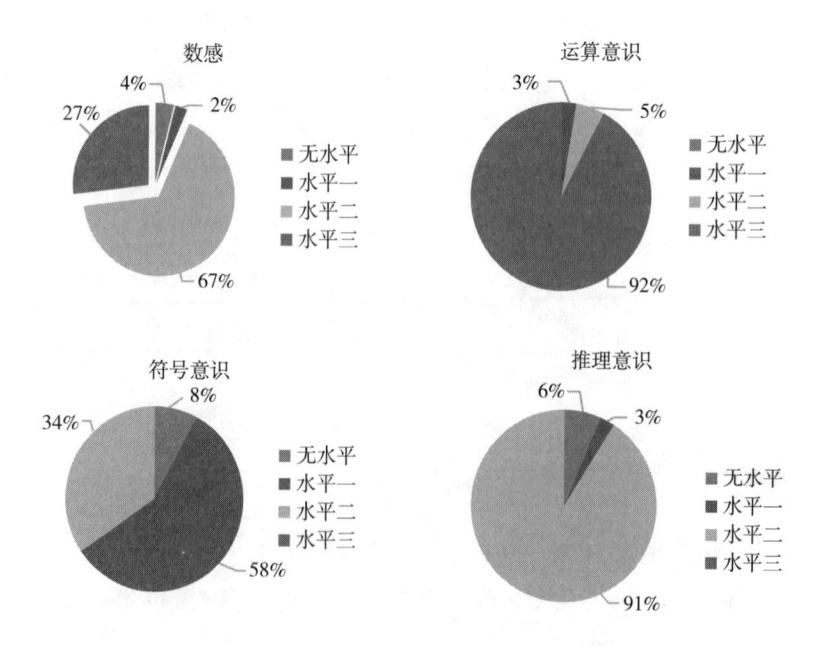

图 5-7 "有余数的除法"学生数学素养表现分析

根据学科核心素养在本册内容的评价指标与相关要点，进行教研组内的练习设计、专题研讨、具体实施与调研反馈。基于学生实际练习的反馈，进行各项数据的深入分析。根据练习的反馈结果，进行分类推送、分项定制、个别辅导，帮助学生反思改进、理清概念、理解原理、掌握方法、提升素养。充分发挥评价的诊断性功能，导引有效教学的深度发生。

第四节 凸显过程性评价的激励功能

《深化新时代教育评价改革总体方案》中提出："教育评价事关教育发展方向，有什么样的评价指挥棒，就有什么样的办学导向。"

一、基于"五育"并举，设计评价指南

根据中国学生发展核心素养，依据《义务教育质量评价指南》，从"五育"并举、立德树人的高度，结合学校具体的培养目标，我们设计了表5-5中的5大评价维度、15项关键评价指标与相关评价要点。

在数学课程的实施过程中，既聚焦与数学课程紧密相关的"学习表现维度"，同时也用跨领域的视野关注学生德智体美劳"五育"的协同发展。实时评价与动态分析相结合，支持每一位学生的个性成长。

表5-5 "紫荆花开天天向上"综合素质发展评价指南

评价维度	关键评价指标	相关评价要点
品德发展	理想与信念	爱国爱党，践行社会主义核心价值观，为实现中华民族伟大复兴的中国梦而奋斗。认真参加升旗仪式，唱国歌，敬队礼。积极参加各类主题活动
	道德与情操	自尊自爱，诚信友善，孝敬父母，尊重师长，团结同学，助人为乐
	行为与规范	自律自强，遵纪守法，举止文明，进行自我规划与自主管理

续表

评价维度	关键评价指标	相关评价要点
身心健康	体质与健康	进行自我健康管理，体质健康达标，有效保护视力，BMI 指数（身体质量指数）保持正常
	技能与习惯	按时作息，充足睡眠，坚持锻炼，积极参加体育活动。学习并掌握1—2项健身技能
	心理与安全	珍爱生命，阳光向上。有效进行情绪管理，积极融入团队，乐于沟通交流
学习表现	习惯与态度	热爱学习，主动学习，掌握学习方法。坚持进行阅读，认真完成作业，积极自我反思
	发现与探究	具有问题意识，主动发现问题，积极提出问题，尝试解决问题。能合作完成具有挑战性的任务
	思维与创新	有好奇心与想象力。独立思考，大胆质疑，能从不同的角度提出自己的想法，能创造性地解决问题
审美情趣	知识与技能	掌握音乐、美术、书法、舞蹈等艺术的相关知识与技能
	鉴赏与感受	理解与尊重艺术文化的多元性，具有健康的艺术审美价值取向，体验艺术作品带来的美
	表达与创造	能用自己喜欢的方式进行艺术表达与创造，并将艺术美运用于生活之中
劳动实践	意识与态度	尊重劳动，热爱劳动。珍惜劳动果实，尊重劳动人民
	技能与方法	主动参与家务劳动、学校劳动及社区劳动，掌握各项基本劳动技能
	实践与体验	积极参加社会调查、参观、访问等实践活动。了解各行各业职业的特点，主动参与各类公益实践活动

二、基于过程评价，凸显激励功能

通过"紫荆花开天天向上"成长积分管理系统，发挥即时性评价的引导功能，凸显过程性评价的激励功能。对于学生的课堂学习、作业表现、学校生活等进行观察、记录与评价。根据五维评价的具体评价指标，进行日评价、周记录、月汇总、学期表彰。通过五大维度不同色彩紫荆花积分的可视化图式，引导学生"幸福成长天天向上"。

正、副班主任及各科任教师对于学生的一日学习及生活进行观察、记录与评价。个人或小组也可向任课教师或正、副班主任提出申请对相关同学的项目进行评价加分。通过五大维度不同色彩紫荆花积分的可视化图式，引导学生"幸福成长天天向上"。图5-8为一位学生第4周的紫荆花积分表。每周进行数据汇总，每10个积分可兑换1个紫荆花印章，记录在个人成长记录表中。

维度	项目							
品德发展	理想与信念	✿	✿	✿				
	道德与情操	✿						
	行为与规范	✿	✿	✿	✿			
身心健康	体质与健康	✿	✿					
	技能与习惯	✿	✿					
	心理与安全							
学习表现	习惯与态度	✿	✿	✿				
	发现与探究	✿	✿	✿	✿			
	思维与创新	✿	✿	✿				
审美情趣	知识与技能	✿	✿					
	鉴赏与感受	✿	✿					
	表达与创造	✿	✿					
劳动实践	意识与态度	✿	✿	✿				
	技能与方法	✿						
	实践与体验	✿	✿					

图5-8　一位学生第4周紫荆花积分表

每个月最后一个星期的班会课举行"紫荆花开天天向上"成长分享会。首先，以小组为单位进行组内分享，每位学生对照本月4周的个人成长积分记录单及个人成长记录册，进行组内分析；其次，以班级为单位进行大组分享，选派同学作为小组代表进行班级成长分享，通过分享自我的成长、交流彼此的体会，进一步发挥评价的激励功能与导向功能；最后，以"让成长看得见"为主题，由班主任、副班主任进行每月总结，鼓励进步、发现优秀、送出期待。

通过这样的日评价、周累积、月分享，每一位同学都找到了自己的优势、长处、进步，也看到了他人的特点、特长与成长。每一位教师也更全面、更科学、更动态地了解到不同学生的优势领域与成长状态，也能更有效地给予帮助与指引。每一位家长也能更及时、更充分地了解到孩子在学校的每一点努力、每一点收获以及获得的每一个肯定。通过一次次点赞、一个个积分，外化为正向激励的数据，内化为向上成长的力量。

三、基于数据分析，进行精准指导

小学生综合素质评价的设计与实施，其目的不是为了鉴别，而是为了改进。在我们看来，探索增值评价，就是关注学生成长的、可持续发展的增量，寻找助力学生成长的关键性常量与核心性变量。

因此，我们尤为重视增值性评价的激励作用。引导每一位教师、每一位学生、每一位家长，在关注学生的成长的每一刻的同时，用发展的眼光看待每位学生的个性与差异，看待每位学生的成长与变化。

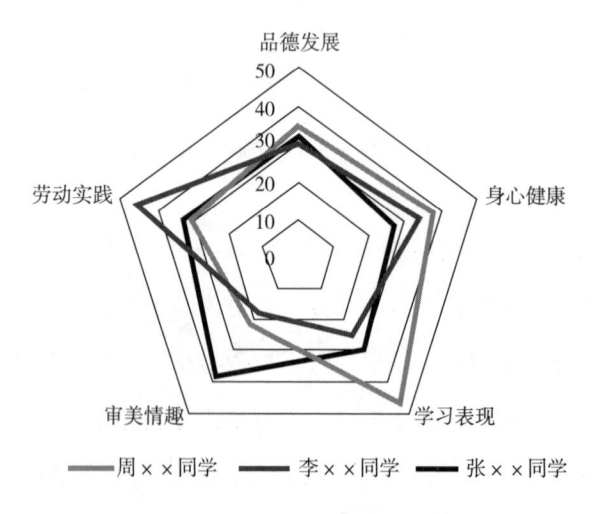

图 5-9　2021 年 9 月三位同学五大维度积分统计

我们在成长积分管理系统的基础上，进一步对积分的数据进行抓取与分析，从而实现为每位学生进行数据画像的目标。通过数据画像，为学生的成长留痕；基于数据画像，为学生的成长导航；借助数据画像，为学生的成长助力。

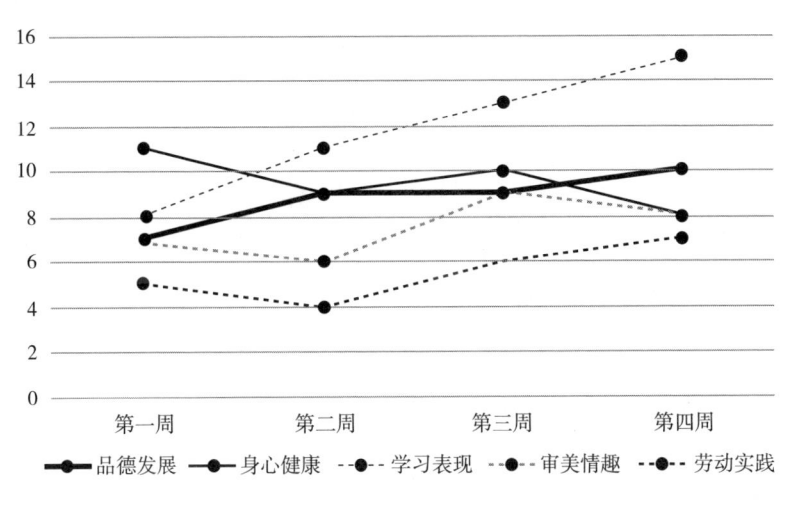

图 5-10　周××同学一个月中五大维度积分变化统计图

根据数据画像，我们可以关注学生五大维度的整体发展情况。图 5-9 为 2021 年 9 月三位同学的五大维度积分的统计。人人有发展，各个有不同。尊重差异，才能更好地引领发展。从中我们可以发现每位学生的发展优势领域及需要引领的维度。

同时，每一位学生的发展也是一个动态的过程。在进行数据分析时，不仅需要关注总量的维度分布，也需要关注一个阶段的变化发展。图 5-10 为三位同学中的周××同学在一个月中五大维度的积分变化统计图。

上文中的雷达图及折线图，以可视化的方式展示学生在一个阶段中的发展与变化。班主任、学科教师可以和家长一起，基于图表及数据分析，更有针对性地指导学生对自己的一个阶段的成长进行总结回顾、自我反思，找到自身的优势与存在的不足。通过自我对比、自我反思，从而进行自我调整与自我激励，为后续的成长确定适切的目标、找寻合适的路径。

评价，不是为了证明，而是为了指引；评价，不是为了甄别，而是为了改进。实践中的学生评价，发展中的学生评价，是评价的美好样态，也是成长的美好样态。

附　录

附录1　统整经验：从结构到建构
——"解决问题的策略（假设）"整合教学案例实录

《义务教育数学课程标准（2022年版）》强调：学生数学基础知识、基本技能、基本思想和基本活动经验（简称"四基"）的获得与发展，发展运用数学知识与方法发现、提出、分析和解决问题的能力（简称"四能"），形成正确的情感、态度和价值观。在实际情境中发现和提出有意义的数学问题，运用符号计算、形式推理等数学方法，分析、解决数学问题和实际问题，在现实生活与其他学科中构建普适的数学模型，表达和解决问题。[①] 在数学问题的解决过程中，如何基于已有的经验，展开过程的体验，从实际问题抽象为数学问题，透过数学现象聚焦数学本质，从而引导学生从内容结构的认识走向认知结构的建构呢？

事实上，每个儿童都是带着自我建构的全部经验走进课堂的。数学课堂，需要有效激活学生已有经验，鼓励自主创造经验，引领相互分享经验，从而在原有经验与新创经验之间建构起关联，在直接经验与间接经验之间建立起连接，最终实现个体经验的升级与群体经验的升华。这就需要教师基于核心问题串，设计专题任务单，引导学生从原有经验出发，尝试新创经验，并积极分享经验，进而提炼经验并应用经验，最终形成经验的

---

① 中华人民共和国教育部. 义务教育数学课程标准（2022年版）[M]. 北京：北京师范大学出版社，2022.

生长链与思想的辐射场。笔者以苏教版小学数学六年级上册第四单元第68—71页为内容载体,以解决问题的策略(假设)为研究专题,进行了如下尝试。

一、情境再现,引出策略

师:咱们今天的数学课,用语文的方式开始。你能用最简短的词语或句子介绍每一幅图所描绘的场景吗?

(出示乌鸦喝水、曹冲称象、司马光砸缸这三幅学生特别熟悉的故事图)

生1:乌鸦喝水

生2:曹冲称象

生3:司马光砸缸

师:这三幅图中的乌鸦、曹冲和司马光,都遇到了一个具有挑战性的——问题(板书:问题)。面对这个具有挑战性的问题,他们都通过思考想出了好的办法——策略(板书:策略)。

师:运用这个策略,最终把问题——解决了(板书:解决)。

师:是啊,解决问题需要策略,运用策略可以更好地解决问题。今天这节数学课我们继续研究——解决问题的策略(形成完整的课题:解决问题的策略)。

【设计意图分析】

解决问题的策略对于学生而言,并不陌生。如何激活学生原有的生活经验与学习经验?如何激发学生学习策略的兴趣?本节数学课以语文的方式开始,从看图说话导入,激发了学生的好奇心与求知欲,引导学生聚焦解决问题的策略这一核心话题。

二、自主探究，聚焦策略

师：小明也遇到了一个具有挑战性的问题。（出示课件）

1. 在"倍比关系"的研究中初步感知假设的策略

> 小明把360毫升的果汁倒入6个小杯和1个大杯中，正好都倒满。已知大杯的容量是小杯的3倍，小杯和大杯的容量各是多少毫升？
>
> （1）独立分析数量关系，自主尝试解决问题，写在白板上（可以画一画、写一写、算一算）。
>
> （2）在小组内交流解题思路，再把有代表性的不同方法贴到大黑板上。

师：面对"小杯和大杯的容量各是多少毫升？"这个具有挑战性问题，你敢不敢自己尝试一下？

（学生纷纷表示愿意接受挑战。各小组组员先理解题意，独自思考，在白板上写下解题过程后，相继进入讨论环节。教师巡回指导，加入小组聆听，指导同学将部分作品贴在黑板上）

【设计意图分析】

大杯和小杯两个未知量都需要学生求出，看似有一定的挑战难度。但是，如果我们将视线放到学生的整个数学学习历程，就会发现学生已经有过解决此类问题的经验。五年级下册教材第13页中已经出现过"和倍问题"类型的实际问题，只不过当时是用方程方法进行解答的。

而将挑战的权利还给学生，面对这一新的问题情境，学生就有可能调动自己全部的学习经验，从而跨越原有的"用方程解法"的思维定势藩篱，并在多样的思路与不同的表达中，深度聚焦数学的本质与方法的本源。

师：各个小组都展示了他们组的不同作品。黑板上的11份作品都完全不一样吗？仔细观察，这些作品中有哪些在思路上是一脉相承的，可以归为一类？

生：有！

师：下面我们请几位同学到黑板前，把你们认为是同一类的放在一起。后面的同学都是他们的后援团，可以及时友情提醒哦。

（四位同学面向黑板对11种解题方法进行分类，其他同学帮助进行补充与调整）

师：在大家的齐心协力下，我们把这11份作品分成了三类。第一类的同学遇到小杯和大杯都不知道的情况，紧紧抓住数量之间的关系，运用方程来解决实际问题。能否派一个代表来给大家分享一下你们是怎么想的？

生1：我个人认为当有两个未知量的时候可以用方程来算，首先题目给我们的条件是大杯的容量是小杯的3倍，我们可以把小杯设为"X毫升"，那大杯就是"3X毫升"，之后我们列方程"3X+6X=360"，再通过解这个方程得到"X=40"，再根据题意，"40×3=120"，得出小杯容量是40毫升，大杯的容量是120毫升。

师：思路特别清晰，表达也很简洁，让我一听就理解了，你们理解了吗？

生：理解了！

师：我们再来聚焦另外两类没有用方程来解题的同学，我发现他们都不约而同地借助了一些工具，比如示意图和线段图。看懂需要智慧，分享需要勇气。谁愿意和大家聊聊其中一类的解题思路？

生2：我们其实都用了画图的策略。不同的是，有的同学用简笔画来表示，有的同学用线段图表示。其实我们表达的意思一样的，大杯的容量是小杯的3倍，我们可以把1个大杯看成3个小杯。

师：我特别喜欢"看成"这个词，就是把1个大杯假设成3个小杯，请继续。

生2：然后把假设成的3个小杯和题目中原有的6个小杯加在一起，一共就是9个小杯，它们的总量是360毫升，用"360÷9＝40（毫升）"，就求出每个小杯的容量，再根据题意，用小杯的容量乘3就能算出大杯的容量。你们听懂了吗？

（其他学生们纷纷点头，表示听懂了）

师：这一类方法，我也听明白了。听明白的同学可以来总结一下这一类的方法。

生3：这一类的方法，其实都是把1个大杯假设成3个小杯，这样的话就把大、小杯的问题都变为小杯的问题了。

师：假设全是小杯，让问题迎刃而解，是个好办法。还有第三类，哪位代表来分享？

生4：我们是这样想的，3个小杯的容量等于1个大杯的容量，一共有6个小杯和1个大杯，就相当于一共有3个大杯，一共倒了360毫升的果汁，就要"除以3"，得到每个大杯的容量是120毫升。又因为3个小杯等于1个大杯，所以"120除以3"就是40毫升。因此小杯的容量是40毫升，大杯的容量是120毫升。你们听懂了吗？有什么问题要问我吗？

师：我可以问一个问题吗？

生：可以！

师：这个"3"是什么意思，我不知道"除以3"是从哪里来的。（其他学生纷纷点头）

生4："3"是每3个小杯等于1个大杯，"6"里面有"2个3"，因此6个小杯就等于2个大杯，再加上原来的1个大杯，就是3个大杯。还有其他问题吗？

生：没有了。

师：有没有同学跟他的思路是一样的？

（两位学生举起了手，教师把这两位学生的白板也作了展示）

师：他们有什么相同点呢？

生5：都是把小杯全部假设成了大杯。

师：接下来请同学们看黑板，我们把这些解法分成了三类，第一类是方程，第二类是把大杯假设成小杯，第三类是把小杯假设成大杯。仔细思考，还有可以合并的类别吗？

生6：方程也是把大杯假设为小杯！

师：说得好！那现在我们再次调整，第一类是把大杯假设成小杯；第二类是把小杯假设成大杯。

师：左边全部假设成小杯，右边全部假设成大杯。看上去分成了两类，这两类有什么相同的地方吗？

生7：它们都是把两个不同的类型，转化成一个相同的类型。

师：是呀，大杯的容量我们不知道，小杯的容量也不知道。我们把两个未知量通过假设成为一个未知量（板书：假设）。假设，也是一种解决问题的策略。

【设计意图分析】

通过小组中的交流，推选出小组中的代表性作品。这个过程，引导学生在小组中进行经验分享。有的同学用了方程解法，有的同学用了算术解法。有相同的思路，内心就会受到鼓励；有不同的想法，思路就会受到启发。通过分类比较，聚焦解法差异。从方程解法、算术解法的全部假设为大杯、算术解法的全部假设为小杯，逐步到分为两类，分别是假设为大杯、假设为小杯，最后再统一到都是把两个未知量假设为一个未知量。

在观察、比较、分类中，对于假设策略的认知也越来越深入。小组内的不同想法，小组间的不同表达，都是教学的最好资源。而学习，就在分享与交流中，在相同与不同中，悄然发生。经验，也在独创与共创中不断进化，在对比与交流中不断升级。在这样的过程中，自己的经验、小组内的经验与班级内的经验，从相互分离到彼此融合，形成了从单一经验到多种经验的物理叠加，并最终实现了从单维经验到多维经验的化学提炼。

2. 在"两个量关系"的聚焦中逐步深化假设的策略

师：同学们，刚才的这些算法都是把两个未知量假设成一个未知量。那么，是不是所有情况下的两个未知量，我们都可以假设成一个未知量呢？

生1：这两个未知量必须要有一定的关系。

师：这道题的两个量有什么关系呢？

生：倍比关系。

师：这样的倍比关系只能用题目中的这句话来表达吗？还可以怎样表述？

生2：小杯的容量是大杯的三分之一。

生3：一个大杯的容量等于3个小杯的容量。

生4：小杯的容量和大杯的容量的比是1∶3。

师：当然，倍比关系还有其他的表述方法。表述不同，它们之间的关系变了吗？

生：没有，还是倍比关系。

3. 在"相差关系"的研究中优化假设的策略

师：答案中40和120的这两个量，除了用倍比关系来表达，还可以用什么关系来表达呢？

生1：大杯比小杯多80毫升。

生2：小杯比大杯少80毫升。

师：如果是相差关系的话，可以这样表述。（出示课件）

> 小明把360毫升的果汁倒入6个小杯和1个大杯中，正好都倒满。已知大杯的容量比小杯多80毫升，小杯和大杯的容量各是多少毫升？
>
> （1）独立分析数量关系，自主尝试解决问题，写在白板上（可以画一画、写一写、算一算）。
>
> （2）在小组内交流解题思路，再把有代表性的不同方法贴到大黑板上。

师：你们还能解决这个问题吗？

（学生解题，教师巡视，学生小组讨论后将有代表性的白板展示在黑板上并进行分类）

师：我们请第一类方法的代表来进行分享。

生1：我们是这样思考的，大杯和小杯加起来是360毫升，有6个小杯和1个大杯，那么我们可以用"360－80＝280"就等于把大杯里面多出来的80毫升从总容量里面减去了，那个大杯就假设成了小杯，就相当于有7个小杯，"280÷7＝40"，得出每个小杯有40毫升，再根据题意加上80毫升，每个大杯就等于120毫升。你们有什么问题吗？

生2：为什么要除以7？7是从哪里来的？

生1：本来有6个小杯，从1个大杯里减去80毫升就可以把它假设成1个小杯，总共就有7个小杯了。

生3：为什么要把大杯假设成1个小杯？

生1：因为题目中有两个未知量不好求，所以要把其中一个未知量假设成另一个未知量。

师：把小杯假设成大杯的同学，又是怎么想的呢？

生4：请同学们听我说，因为题目中说大杯的容量比小杯多80毫升，这里面有6个小杯，每个小杯比大杯还要差80毫升，题目可以假设成6个大杯但少480毫升，用"360+480=840"，在360里面把差的480毫升补上，现在就有7个大杯共有840毫升，那么每个大杯就有120毫升，再根据题意，就能求出每个小杯的容量是40毫升，同学们你们听懂了吗？还有什么问题吗？

生5：为什么要用360加上"6个80"。

生4：因为题目中有两个量不好求，所以要转化成一个未知量。

生6：7是从哪里来的？

生4：我们这里是把6个小杯假设成6个大杯，还加上题目原本的1个大杯，所以现在题目有7个大杯。

师：其实我还有一个问题，刚才你们都没有问。我很好奇，全部假设成小杯也是可以的，全部假设成大杯也是可以的，可是假设成小杯的有好多同学，而假设成大杯的只有很少的同学。为什么大多数同学都假设成小杯呢？（黑板上解题思路绝大多数同学都选择把大杯转化成小杯）

生7：这边只要去掉"1个80"，那边却要增加"6个80"，当然是去掉"1个80"更好算了。

师：真会思考！你们不仅能找到各种思路、各种路径，还能进行观察与比较。同样都是运用了假设的策略，还有一个选择与优化的过程。

【设计意图分析】

教材例1是"倍比关系"，例2是"相差关系"，教学参考用书建议用两课时完成这部分的内容。从两个例题的关系来看，也是层层递进。例1假设前后总量不变但份数在变，例2假设前后总量在变但份数不变。对于学生而言，例1有相关经验与基础，而例2与之相比可借鉴的经验较少。

本课时的设计，以关系为切入点，将两个例题通过关系的表达方式变化而整合为一课时，从结构化的角度给学生提供了很好的思维支架。两者不同的是关系的表达方式，而相同的则是都要将有关系的两个未知量假设为同一个未知量。

统整内容，从高位聚焦结构的一致性；统整经验，从实处彰显建构的同源性。同样的分类，同样的提问，从第一次的有困难到第二次的渐入佳境，从中可以感受到学生对于经验的分享，从任务驱动逐步走向兴趣驱动。在不断推进、不断追问中，假设策略的认识也不断走向深入。而教师的提问"两种假设方式都可以，为什么你们更多选择了假设全部是小杯"，则在平静的湖面投掷了一颗引发阵阵思维涟漪的石子，经验的对比分析、策略的优化选择也水到渠成。

三、总结全课，反思提升

师：在以前的学习中，你有没有过用假设的策略解决问题的经验？

生1：我觉得列方程解决实际问题其实也是在运用假设的策略。

生2：鸡兔同笼的时候，可以假设鸡也有四条腿，或者假设兔子收起两条腿。

师：这位同学很形象地表达了"假设全部是兔"和"假设全部是鸡"的两种思路。

生3：我们在计算除法时，常常把"32"看作"30"来试商。

生4：我还想到了小时候遇到的天平上水果的重量问题，也可以用假设的策略最后求解。

师：是呀，回顾我们的学习过程，假设的策略原来早就已经在我们的经验库里了。而今天我们的自主尝试、小组分享、全班交流，就是升级自己经验库的很好路径。让我们带着每个人的独特发现和我们的共同收获，走进更为广阔的数学世界！下课！

【设计意图分析】

学习往往不止于课本之内,课堂也往往不限于40分钟。以六年级教材为素材,引导学生在记忆中寻找、再认与强化,将过程体验与学习经验集群化。以内容的整合为载体,以方式的整合为路径,以经验的整合为核心,不断触发学生个体经验发展的生长点,不断关注群体经验升华的衔接点,不断聚焦学生自主建构的关键点。

基于内容的关系结构,聚焦方法的系统结构,并在此基础上重组结构、迁移结构、拓展结构。统整经验,需要从结构到建构,让学生在共享知识、共享方法、共享经验、共享成就中最终走向共享"数学地成长"。

从结构到建构,是一种理念,也是一种路径。理清教材的结构,明晰方法的结构,重组结构、迁移结构、拓展结构,并从关注知识结构走向关注方法结构,甚或更进一步地帮助学生完善思维结构的过程,就是一种教学的意义建构。

附录2 渗透数学思想建构数学模型
——"间隔排列与植树问题"整合教学案例实录

教学内容: 义务教育教科书《数学》三年级上册(苏教版)"间隔排列"
义务教育教科书《数学》五年级上册(人教版)"植树问题"

教学目标:

1. 使学生经历探索"间隔排列"的两种物体个数关系的过程,初步体会用对应的思想解释规律,并建构相关数学模型,解决简单的"植树问题"。

2. 使学生完整经历猜想验证、得出结论、运用规律的过程,在探索活动中初步发展分析、比较、综合和归纳等思维能力。

3. 激发学生对数学的好奇心和求知欲,增强学生学习数学的兴趣。

教学思考：

苏教版小学数学三年级上册"探索规律"单元编排了"间隔排列"，重在引导学生通过对间隔排列现象的研究，探索——间隔排列现象中，两种物体数量之间的关系。人教版小学数学五年级上册"数学广角"单元编排了"植树问题"，重在引导学生通过观察、猜测、试验、推理等活动，初步体会植树问题的模型思想。两种版本的教材思路不同、编排体例也不同。然而，我们细细思考会发现，两种版本的内容是有关联的，间隔排列现象中的——间隔与植树问题有着非常紧密的联系，两者的数学模型是一致的。我们能否在教材版本间进行统整，在教材内容间进行对接，于是就有了下面的整合教学尝试。

教学过程：

一、关注本质，认识特征

（一）画图体验中认识——间隔

师：今天的数学课，我们从熟悉的图形朋友开始（电脑逐个显示△○△○△○），猜一猜，下一个是什么图形？

生1：三角形。

师：他猜得对不对呢？（电脑显示△）接着猜。

生1：圆形。（电脑显示○）

师：下一个是？

生1：三角形。（电脑显示△）

师：为什么每次都能猜对呢？

生2：因为这里图形的排列是有规律的！

生3：都是一个三角形后面跟着一个圆形，再一个三角形后面接着一个圆形。

师：是呀，正如同学们所言，这里的三角形和圆形的排列是有规律的。今天这节课，我们就一起来探索规律（板书课题：探索规律）。

师：不看屏幕，你能按照这样的规律在自己的磁条上画一画吗？第一个是三角形，第二个就是……

（学生自由创作）

师：我们一起来分享部分同学的作品。他们的作品都画对了吗？怎样画就能符合要求？

生1：第一个是三角形，第二个是圆形，第三个是三角形，第四个是圆形……以此类推。

生2：一个三角形、一个圆形可以看成一组，这样按顺序画下去。

师：像这样一个三角形、一个圆形、一个三角形、一个圆形……依次排列下去，在数学上，我们就可以说三角形和圆形一一间隔排列。（板书：间隔排列）

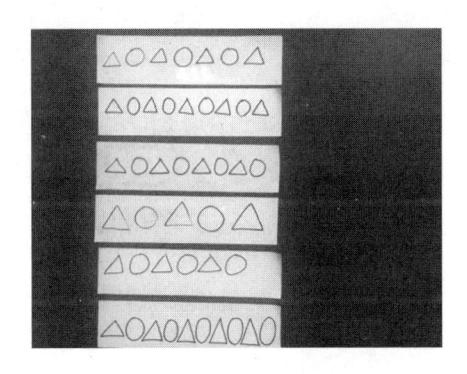

图1 "间隔排列"学生作品

【设计意图分析】

从学生熟悉的图形导入，在猜图形中初步感受排列的顺序，在画图形中深化感知排列的规律，在丰富的、多样的作品（数量各不相同）中更为深切地体会一一间隔排列的本质特征。

(二) 分类比较中感受一一间隔

师：这里的 6 幅作品（如图 1）都是三角形和圆形一一间隔排列。仔细观察，你能把它们分为两类吗？和同桌讨论，并说说你是根据什么来分的。

（生小组讨论）

生 1：我们小组把 1、2、4 分成了一类，3、5、6 分成了一类，如图 2。

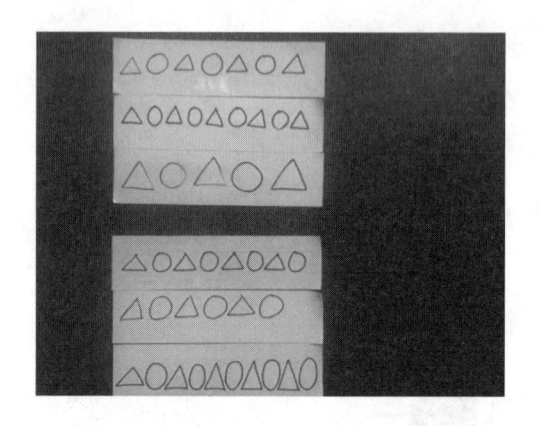

图 2　根据类别调整作品

师：你们同意这样的分法吗？

生：同意！

师：说说你们这样分类的理由。

生 1：1、2、4 是一组一组的，最后还多一个；3、5、6 都是一组一组的。

师：一组一组地观察，是一种很好的研究思路。我们也可以说成一个三角形对应着一个圆形（板书：一一对应）。根据他们小组的思路，这里的 6 幅作品就分成了刚好对应没有剩余和和一一对应还有剩余的。

生 2：我们小组也是这样分的，但我们的理由不同。上面一类第一个是三角形最后一个也会三角形,而下面一类第一个是三角形最后一个却是圆形。

师:抓住开头和结尾来观察,是一种非常好的研究思路。根据这组同学的思路,一类是首尾相同的,还有一类是首尾不同的(板书:首尾相同 首尾不同)。同样是一一间隔,但还有两种不同的类型呢。

二、聚焦关系,发现规律

师:在兔子乐园里你还能找到一一间隔排列的物体吗?它们的排列又是怎样的类型呢?同桌相互交流一下。

生:兔子和蘑菇是一一间隔排列的,首尾相同;木桩和篱笆是一一间隔排列的,首尾相同;蝴蝶和蜜蜂是一一间隔排列的,首尾不同;树叶和花朵是一一间隔排列的,首尾不同。

(根据学生回答,电脑完成分类,如图3)

图3 兔子乐园物体一一间隔

师:我们先来研究首尾相同的情况(如图4第1行、第2行)。你们认为两种物体的数量是相等还是不相等?

生1：我觉得数量不相等。

生2：我猜想排在两边的物体会比中间的多1。

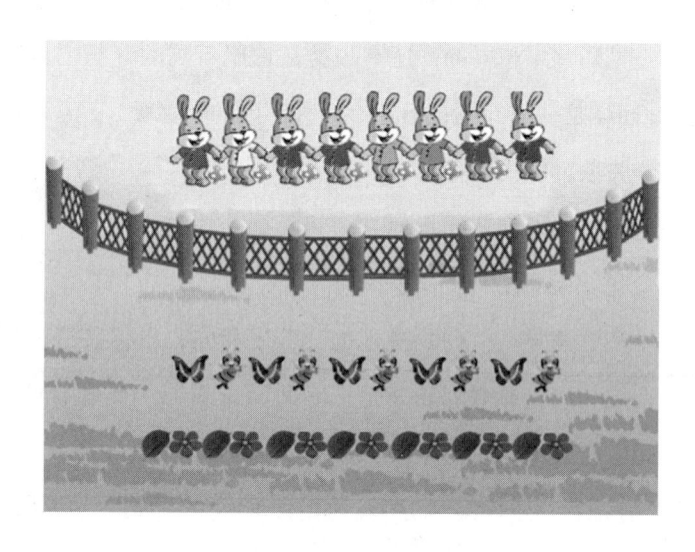

图4　兔子乐园——间隔分类研究

师：一一间隔首尾相同，两种物体数量相差1。这只是我们的猜想（板书：猜想两种物体数量相差1?）。是不是这样呢？我们还需要验证（板书：验证）。请同学们任意选择兔子和蘑菇或木桩和篱笆，进行数量比较。可以数一数，也可以画一画、连一连。

生1：我研究的是兔子和蘑菇，兔子有8只，蘑菇只有7个，兔子比蘑菇多1。

生2：我研究的是木桩和篱笆。木桩有13个，篱笆有12个，木桩的数量比篱笆多1。

师：两位同学用的是数一数的方法。

生3：我研究的也是兔子和蘑菇。1只兔子和1个蘑菇是一组，我用一个圈表示，这样继续圈下去，最后多了1个兔子。

生4：我研究的是木桩和篱笆。我用连线的方法，1根木桩连着1个篱笆，这样连下去，最后一根木桩是单独的。

师：这两位同学，分别圈一圈、连一连，用找对应的方法，发现最后还剩下1只兔子、多了1根木桩。

【设计意图分析】

举例验证的过程中，重视方法的指导。不仅可以数一数，还可以画一画、圈一圈、连一连。而在多样的方法分享中，不同思维层次、不同验证方法的学生可以彼此启迪，一一对应的思想方法也潜移默化地得到了再次凸显。

师：现在，我们能证明猜想正确了吗？

生：能！

师：仅凭两个例子就能说明我们的猜想正确了吗？其他的一一间隔首尾相同呢？是否也符合？

生：还不能。我们需要举更多的例子。

师：同学们创作的作品中就有很多不同的例子。小组合作，验证组内一一间隔首尾相同的作品是否符合猜想。

（各个小组都符合猜想）

师：有没有不符合猜想的？

生：没有！

师：我们举了大量的例子，都符合猜想，而且没有反例。说明猜想是正确的。通过验证，我们得到了结论（擦除"？"，板书：结论）。

师：接下来，我们继续研究一一间隔首尾不同的情况（如图4第3行、第4行）。这一次，你们的猜想是什么？

生：两种物体数量相等。

师：小组合作，进行验证（板书：两种物体数量相等？）。

生1：我们小组研究了蝴蝶和蜜蜂、树叶和花朵。我们通过找对应的方法，发现它们的数量分别是相等的。

生2：我们小组同意他们的观点。我们还补充研究了自己画的一一间隔首尾不同的作品，发现全部符合猜想。

师：其他各个小组呢？

生：所有的例子都符合猜想。

师：通过同学们的验证，我们发现"一一间隔首尾不同，两种物体数量相等"这个猜想也是正确的（擦除"？"）。

【设计意图分析】

在探索规律、建构模型的过程中，引导学生在"一一间隔首尾相同的情况"中完整地经历提出猜想、大量举例、进行验证的过程，这样的研究方法模型不仅可以直接迁移运用于"一一间隔首尾不同的情况"，其更大的影响在于提升后续数学研究的科学性与规范性。

三、联系生活，运用规律

师：在我们的教室里，是否也藏着一一间隔的现象呢？你能找到吗？一一间隔的两种物体的数量有什么关系呢？

生1：桌椅是一一间隔排列的，首尾不同，数量是相等的。

生2：电灯和风扇是一一间隔排列的，首尾相同，电灯比风扇多1。

生3：……

师：我们每天都排队做操、做游戏，在排队中也有一一间隔的现象呢！（邀请4位男生排成一排，等距间隔）现在是一一间隔排列吗？

生1：我觉得可以看成是一一间隔排列，是男生和中间的空位一一间隔。

师：这时，男生与中间的间隔数量相比怎么样？

生2：首尾都是男生，男生比间隔多1。

师：如果我们请上女生和男生一一间隔，最少需要几位女生？

生3：3位女生。首尾都是男生，女生就比男生少1。

师：最多能排几位女生？

生4：5位女生，首尾都是女生，女生就比男生多1。

师：现在我们讨论的都是首尾相同的情况，还可以——

生5：首尾不同，就需要4位女生。

（请上4位女生）

师：可以怎么排？请一位小老师来指导排队。

（排列如：♂♀♂♀♂♀♂♀）

师：还可以怎么排？

（调整为：♀♂♀♂♀♂♀♂）

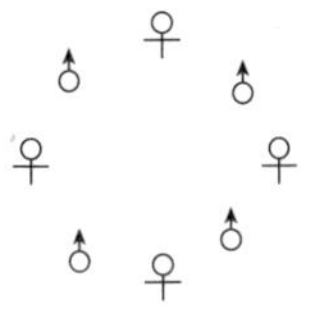

师：还能调整吗？

（引导学生手牵手，形成一个圈，如图5）

图5

师：现在还是一一间隔排列吗？这样的排列，和哪种情况是类似的？

生6：我发现了！和首尾不同的情况是一样的。原来是排成一排，现在是围成一圈。

【设计意图分析】

从首尾相同与首尾不同出发，在看似游戏类的活动中，巧妙地实现了"直线排列"思维定势到"封闭排列"思维转变的跨越，在外在的不同之中发现内在的相同，类型可以归并、模型可以归一。

四、深化模型，拓展运用

师：同学们在植树的过程中，也在运用着一一间隔的规律（如图6）。你能解决这个植树问题吗？在小组里讨论讨论。

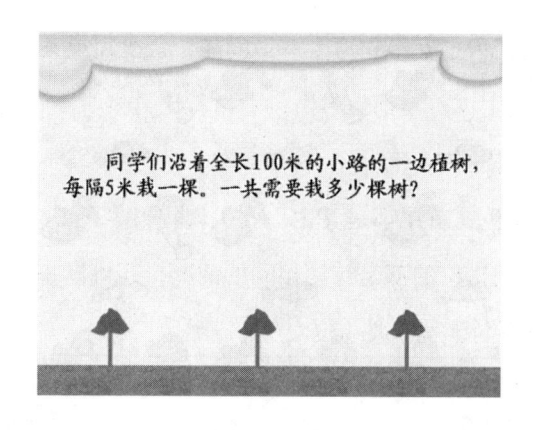

> 同学们沿着全长100米的小路的一边植树，每隔5米栽一棵。一共需要栽多少棵树？

图6　植树问题

生1：我们小组认为这里的植树问题没有讲清具体的情况。究竟是首尾相同还是首尾不同？

生2：我们也同意刚才一组的观点。不同的情况就有不同的结论。

师：你们认为有几种情况呢？

生1：一种是首尾都是树。

师：也就是两端都栽。（在首尾相同的下方板书：两端都栽）

生1：另外一种是首尾不同，就是一端栽树一端不栽。

（在首尾不同的下方板书：只栽一端）

生2：我补充，还有一种是两端都不栽。就是首尾都是间隔。

（在首尾相同的下方板书：两端都不栽）

生3：我从刚才的排队受到启发，还有一种可能！这条小路还可能是一圈的。

师：如果是围成一圈，我应该写在哪里？

生3：写在首尾不同的下面，其实它们是同一类的。（在首尾不同的下方板书：围成一圈）

师：现在你们能分类解决问题了吗？在自备本上做一做，然后在小组中说一说。

生1：我代表小组汇报第一种。我们先用"100÷5=20"，算出有20个间隔，然后根据不同的情况进行计算。两端都栽，就是首尾是树，树比间隔多1，要栽21棵。

生2：我汇报第二种，两端都不栽，首尾都是间隔，间隔比树多1，要栽19棵。

生3：如果是只栽一端或者围成一圈，都是属于首尾不同的情况，这时树和间隔数量相等，所以要栽20棵。

【设计意图分析】

从间隔排列到植树问题，学生不断处于辨析与思考之中。植树问题的各种情况与间隔排列的两大类型建立起了分类对应的关系。在类型的归并与关系的从属中，模型的理解走向深刻，模型的运用走向多维。

五、总结回顾，升华认识

师：今天这节课，我们以间隔排列为研究现象，经历了分类思考、提出猜想、举例验证、得出结论、运用规律的过程。借助一一间隔的规律解决了生活中的植树问题。回顾研究的过程，你有什么收获？

生：（略）

师：你又产生了什么新的问题？

生：我想研究间隔排列中其他的情况，比如"灯、风扇、风扇、灯、风扇、风扇……"。

师：是呀，如果是这样的排列，又蕴含着怎样的规律呢？有兴趣的同学们可以在课后继续研究。

【设计意图分析】

一节数学课，不仅仅在于学生已经知道了什么，更为可贵的是引导学生继续研究什么。从一一间隔到植树问题的自然对接，从间隔排列再到周期问题的应然思考，课堂淡化了边界，问题导引了方向，研究走向了远方。

附录3　千变万化乐学乘法
——二年级乘法单元活动课研课手记

一、缘起：一场美丽的约定

11月是学校的课堂教学展示月。作为数学组的总负责人，不仅晾晒在平日，也需要引领在当下。研讨课上什么？我把建议权和选择权交给了年轻的老师们。

"我对活动课很感兴趣，但是在设计与实施中有很多困惑。""在各种研讨活动中，我们常常能看到新授课，却很少能看到练习课、复习课、活动课的身影。""小学低年级如何更有效地组织小组学习？""如何通过活动设计促进数学思维能力的发展？""如何借助学具促进学生数学核心素养的提升？"……

能不能以一节课为载体，努力回应老师们的困惑与关切呢？综合考虑课型、年段、目标、方式、载体等因素，我准备选择二年级乘法单元活动课为案例进行尝试。

二、思考：一幅美好的蓝图

人教版二年级上册第三单元"表内乘法（一）"涉及乘法的意义、"2—6"的乘法口诀、"乘加乘减"三部分的内容。单元活动课的设计，能否做到基于教材、超越教材？在充分思考后，我准备以本单元核心内容为基点，通过操作、实践、活动的方式，引领学生在活动中体验、在体验中建构。

活动拟分三个层次，第一层次关注乘法口诀的熟练使用，第二层次聚焦乘法意义的深度理解，第三层次凸显"乘加乘减"的实际意义。

在活动的设计中，基于儿童心理，通过游戏、闯关、操作、讨论等方式，通过独立思考、同伴交流、小组分享，实现个体经验的增长与群体智慧的升华。

在学具的选择上，圆片、小棒、扣条都能摆出各种图形。在组合的多样性中，小棒、扣条较之圆片更胜一筹。而在拼组的难易程度与呈现的便捷程度中，扣条又更有优势。综合以上因素，扣条成了首选学具。

在目标的设定上，通过对单元目标的梳理，着力关注以下几个方面：基于数形结合，进一步感受乘法的意义；通过操作实践，理解"乘加"与"乘减"的意义；借助同伴合作，学会从不同角度观察与解决问题；通过探索研究，感受学习数学的乐趣，增强学好数学的信心。

三、实践：一段别样的旅程

Part 1　基础热身之乘法口诀

随着熟悉的上课铃声响起，数学活动课拉开了帷幕。"这节课，我们的课题是'千变万化乐学乘法'。说起乘法，你第一时间会想到什么？""乘法口诀！""几乘几！""一一得一！""那我们就在'乘法口诀对对碰'的游戏中，开始今天的数学活动课吧！"

在"基础热身之乘法口诀"环节"乘法口诀对对碰""乘法火车快快开"（如图1）活动中，以分小组、分男女生、口算火车等各种方式引导学生参与活动、体验成功。

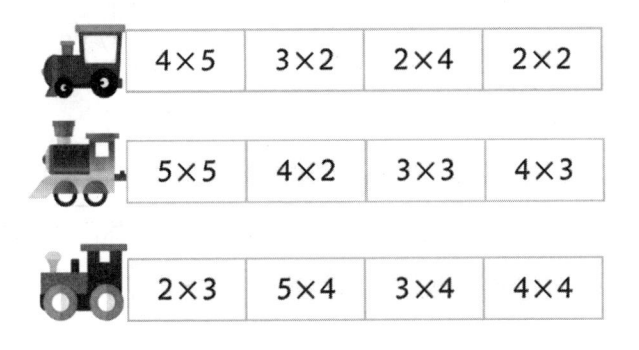

图1　"乘法火车快快开"活动

Part 2　主题操作之乘法意义

在这一环节，通过"幸运车厢大揭秘"，聚焦"3×2"这一算式（如图2）引导学生借助扣条学具进行创意表达，完成作品后向同桌介绍自己的设计思路，同桌进行判断是否可以用"3×2"表示。

图2　用小棒表示"3×2"

在同伴交流后，组织学生进行集体交流与相互点评，聚焦"3×2"的本质意义。以最后一幅为例，从横着看、竖着看两个维度，总结得出无论是"2个3"还是"3个2"都可以写成"3×2"或者"2×3"，都可以用"二三得六"这句口诀计算结果。

在"幸运车厢大揭秘"的第二个层次，重点研究"4×3"（如图3）。将个人研究与小组学习进行结合，引导学生想一想：你准备怎样摆？摆一摆：用扣条摆一摆。说一说：组内相互点评。

图3 用小棒表示"4×3"

教师组织小组进行展示，根据相同点与不同点，将展示的作品进行分类。通过讨论发现，图形是千变万化的，但无论怎样变化，"4×3"都可以表示为"3个4"或"4个3"，都可以用"三四十二"这句口诀计算结果。

Part 3 主题探究之"乘加乘减"

在乘法意义可视化、结构化、模型化的基础上，进入主题探究之"乘加乘减"环节。教师以团队一员的身份加入班级的分享活动，展示个人自创的组合图形。"看到我们班同学创作了3个正方形表达出了'4×3'，我受他的启发，也创作了一幅作品（如图4），我的这幅作品能不能表达出'4×3'呢？"

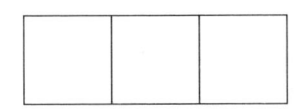

图4 教师创作作品

针对这一作品，学生充分发表自己的观点并说明理由。反方观点：不能用"4×3"表示扣条数量。因为扣条总数变少了，有重复的部分。正方观点：如果我们观察"角"的话，每个正方形有4个直角，3个正方形，3个"4"，可以用"4×3"计算。角度不同，观点不同。相同的都是对于"求几个相同加数的和"这一乘法意义核心的深度理解。

在正反方都言之有理且形成共识的基础上，提出新的挑战——"如果我们继续研究扣条的总数，可以用算式计算吗？想不想研究？"通过摆一摆、想一想、写一写、说一说，把个人的方法与小组的同伴进行交流与共享，再邀请小组代表进行全班分享。

$$3\times 4-2=10$$

$$2\times 3+4=10$$

$$2\times 4+2=10$$

$$3\times 3+1=10$$

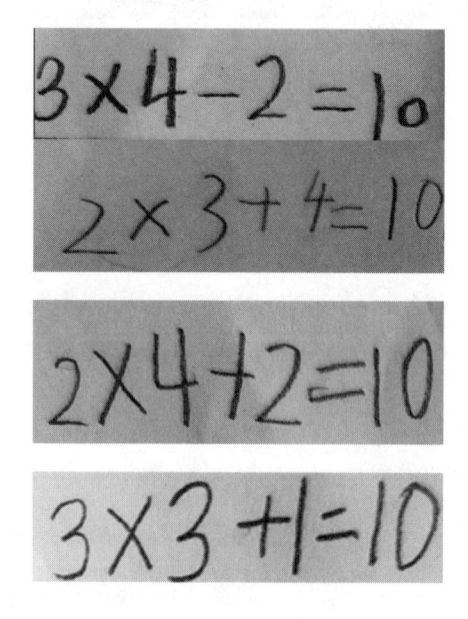

图5　学生分享扣条总数计算方法

通过同学们的分享，我们可以感受到：观察的角度不同，看到的"几个几"就不同，列出的"乘加"或"乘减"算式就有所不同。（如图5）整体视野平均分割，每个图形都看成完整的正方形，就容易想到"乘减"

算式。就近组合进行分割，就能想到用"乘加"算式解决扣条总数问题。

在研究这个组合图形的基础上，数学的研究还可以继续，学生的思考还可以深入。如果我们继续增加 1 个正方形，扣条总数增加多少呢？即"▭▭▭▭"增加 2 个正方形呢？"▭▭▭"里面又藏着什么规律呢？感兴趣的同学课后可以动手拼一拼，列式算一算。

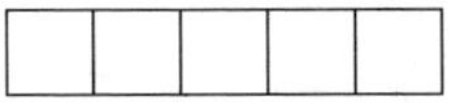

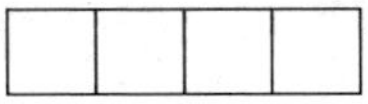

Part 4　主题拓展之创意拼搭

课堂总结分享收获后，布置课后实践作业。将课前、课中、课后进行立体对接。

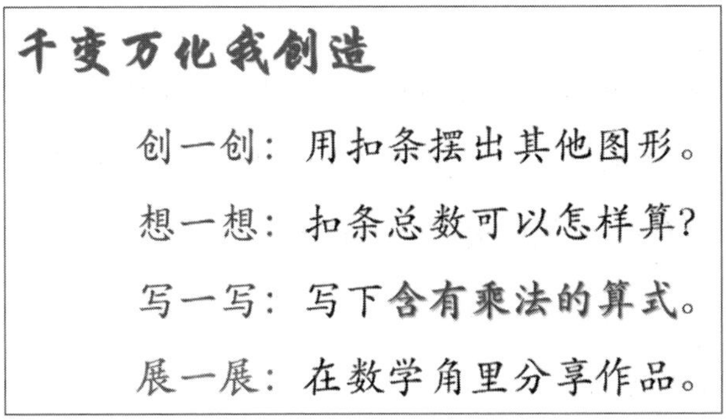

千变万化我创造

创一创：用扣条摆出其他图形。

想一想：扣条总数可以怎样算？

写一写：写下含有乘法的算式。

展一展：在数学角里分享作品。

图 6　创意拼搭作业

引导学生借助学具进行创意设计，并用自己的方式进行数学式的分享与表达，在个体创造与群体研学中建构有效沟通的桥梁。

四、进阶：一次生命的拔节

有效的教研，应该是一个长程设计。而进阶的教学，也应该有一个长程规划。在"千变万化乐学乘法"教学设计初稿完成后，作为二（4）班的数学教师，我就通过每日一题对学生进行学情摸底。每日一题是为班级内学有余力的孩子提供的"跳一跳摘得到"的思维发展平台，并通过智慧积分进行评价。

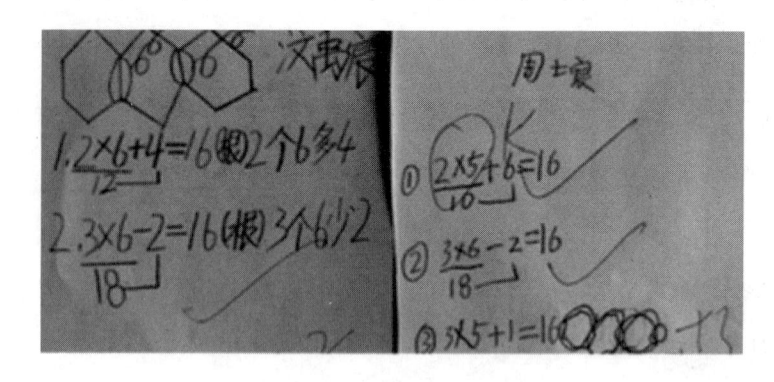

图7 每日一题学生作业示例

如图7,有8位学习优秀的学生参与了该项挑战。方法1:$3×6-2=16$,共7人,占比87.5%。方法2:$2×6+4=16$,共5人,占比62.5%。方法3:$3×5+1=16$,共1人,占比12.5%。方法4:$2×5+6=16$,共1人,占比12.5%。方法3与方法4为同一人,该同学还使用了方法1(图7中右边为该同学作品)。

从数据分析来看,受知觉整体性的影响,更多的同学都会把这幅图看作3个六边形的连接组合而选择方法1。借助学具的操作与体验,选择其他方法的比例是否会有所变化呢？在解决"▢▢▢"扣条总数的过程中,实际的操作、扣条的摆放,对于解决问题的思路是否有相应的支持呢？

通过课堂个人学习单的数据汇总,我们发现:方法1:$4×3-2=10$,占比100%;方法2:$2×4+2=10$,占比38.23%;方法3:$3×3+1=10$,占比32.35%。另有少数同学使用"$2×3+4=10$"的方法,个别同学写下了"$4×1+6=10$"。对比每日一题的挑战,我们可以清晰地看到,在学具的支持下，100%的学生在个体的动手操作中，都能自主探索并感受成功。所有的同学都能将其看作3个正方形求出扣条总数后减去重合的根数。接近三分之一的同学选择了方法3，对比每日一题有了大幅提升。在扣条的拼搭中，每增加一个正方形需要增加3根扣条，这一感性经验对于理性的思考起到了"脚手架"的支撑作用。

基于操作的直接经验与基于分享的间接经验相结合，是否能更好地促进数学思维的成长？经过小组分享、集体交流后，对于类似图形是否能基于乘法的意义，建构更为丰富的结构表征？课后，借助"▢▢▢▢▢"这一图形的扣条总数，进行每日一题挑战，再次进行数据汇总，我们发现：方法1：$4 \times 5 - 4 = 16$，占比76.67%；方法2：$3 \times 4 + 4 = 16$，占比76.67%；方法3：$5 \times 3 + 1 = 16$，占比76.67%；方法4：$6 \times 3 - 2 = 16$，占比20%；方法5：$5 \times 2 + 6 = 16$，占比13.3%；方法6：$2 \times 8 = 16$，占比10%；方法7：$4 \times 4 = 16$，占比10%。我们发现，在对乘法本质意义深入理解的基础上，"乘加"与"乘减"模型在多样的视角中变得更为灵活、生动、立体。而其中使用比例最高的方法1、2、3、4，可以作为学生研究同类问题的经验源与方法源，助力学生在后续的数学学习中于"千变万化"中探寻本质、寻找规律、聚焦核心。而这恰恰就是可持续的学习力、可发展的思维力、可进阶的学习力。

千变万化，不仅仅指向课堂中扣条组合的丰富表达，也不仅仅指向课堂中各类算式的多样呈现，还指向现实世界与数学世界的万千形态。"万变不离其宗"，数学学习的过程需要我们在"千变万化"的形态中寻找"其宗"，数学研究的过程也需要我们在"千变万化"的现象中探寻"其宗"。

附录4　数学嘉年华设计师
——项目式学习活动方案

【项目名称】 数学嘉年华设计师

【项目主题】 如何让复习变得有意义？如何让考核变得有意思？本项目拟通过2周（10课时）的时间，在教师指导与团队协作中，引导每一位学生经历自我梳理、自我总结、自主复习、自定主题、自创形式、自创量规、自主反思、自我优化的过程，变活动的跟随者为自主的行动者，变被动的参与者为主动的创生者。一起策划一场不一样的期末数学嘉年华活动！

【项目设计】

一、项目背景

每个学期末，学校都会组织低年级学生进行学科嘉年华系列活动。以学科核心知识与关键能力为核心，以情境闯关与游艺活动为方式，对每位学生的学科学习效能进行专项评价。

以往的游艺活动，从目标设计到内容选择，从情境创设到方式选定，从考评组织到活动评价，全部由学科教师包揽包办。每个学生都只是以被评价者的身份参与到学科嘉年华系列活动中。

如何变教师安排为学生设计，将数学嘉年华活动变身为学生学科核心素养生长、团队协作意识增强、创新实践能力提升的载体？本项目拟通过2周（10课时）的时间，通过师生合作共创，共同开启一段复习之旅、设计之旅、创造之旅！

二、项目目标

（一）课程标准条目

1. 数学运算：能用数来表达和交流信息；理解加减法和乘法的意义；

能为解决问题而选择适当的算法；能估计运算的结果，并对结果的合理性作出解释。

2. 数学建模：有意识地用数学语言表达现实世界，关注现实世界中一类事物或关系的本质特征，初步感受用乘法、加减法数学模型解决实际问题。

3. 直观想象：通过提供的学校平面图，进行空间的运用与设计。利用对空间形式特别是图形、位置与关系的理解，解决项目安排及流程设计问题。

4. 数据分析：能通过收集数据、整理数据、分析数据的过程，作出合理的决策。

（二）学科素养目标

1. 通过自主梳理、团队分项、反思优化，整体建构本册数学教材内容的关系结构；

2. 通过问卷调查与分析，初步了解数据的意义与价值；

3. 通过分组情境闯关任务设计，在认知升维中实现本学期学科核心知识的整体掌握、关键能力的系统建构；

4. 通过团队协作，依托成果发布，体验成长的价值，感受数学的魅力。

（三）"5C"能力目标

1. 文化理解与传承素养：体现了教育的社会属性，是立德树人的具体表现。引导学生感受数学发展的历程，体会数学实际的应用，传承数学研究的精神，实现个体与社会的积极互动。

2. 审辩思维素养：在项目设计中，不断经历倾听、表达、评价、分析、论证，持续进行反思，实现产品的迭代与思维的进阶。

3. 创新素养：在挑战性问题的驱动下，以好奇心、想象力、探索力、实践力，从不同维度思考并建构创新实践路径。

4. 沟通素养：在小组、班级及跨班合作中，学会用同理心进行思考，专注倾听，学会理解，有效表达。

5. 合作素养：把项目设计与实践相连，把个人设计与团队相接，愿景共同描绘，责任共同分担，协商合作共赢。

三、驱动问题

一个学期又到尾声啦，这个学期你一定有了更多的收获和更大的成长！还记得大家最期待的学科嘉年华吗？

今年的"数学嘉年华"，我们想要邀请所有二年级的同学来共同策划，每个学生都是活动的设计者、组织者、参与者和评价者。那么，我们如何才能设计一场有意思又有意义的数学嘉年华活动呢（如图1）？本次数学嘉年华以什么作为主题呢？嘉年华中需要展示的数学知识和能力有哪些？嘉年华活动形式是什么？整个年级的嘉年华方案（包括场地、流程等的安排）又要如何设计呢？我们如何向二年级同学和数学老师们介绍并展示我们的方案呢？

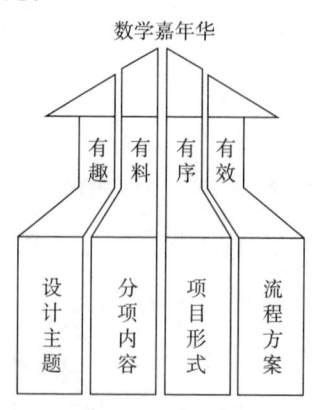

图1　数学嘉年华驱动问题结构图

四、项目评价

（1）个人产出：本学期数学核心知识思维导图

表1　数学核心知识思维导图评价量规

结构表达	知识结构准确，层级关系清晰，分类比较科学	知识结构比较准确，有个别分类可以合并、调整过或者有个别遗漏需要补充	有一定的知识结构，部分分类或层级关系需要重新调整或补充
内容表述	内容表述科学准确，有简洁的文字说明或画图说明、样例说明	内容表述比较准确，部分有文字说明或画图说明、样例说明	内容表述有些需要调整，需要增加文字说明、画图说明或样例说明

（2）小组产出：数学嘉年华子项目设计方案

表2　数学嘉年华子项目设计方案评价量规

内容	紧扣本项目涉及的核心知识与关键能力	有与本项目相关的核心知识与关键能力，但有1—2项遗漏需要补充	有与本项目相关的核心知识与关键能力，遗漏2项以上
方式	设计了二年级学生喜欢的方式，且操作性很强	二年级学生比较喜欢这样的方式，但操作性还需要加强	学生的喜爱度一般，操作性一般
评价	有明确的分级评判标准，评价标准科学且可测量	有比较清晰的分级评价标准，标准的表述需要关注可测性	有分级评价标准，需要加强科学性与可测性

（3）班级产出：数学嘉年华设计方案

表3　数学嘉年华总项目设计方案评价量规

目标	目标清晰可见、可实现	目标较为清晰，基本能实现	目标过高或过低，需要进行调整
主题	设计了学生喜爱的主题情境，数学游艺导览图一目了然	学生较为喜欢该主题情境，数学游艺导览图需要进一步加强其导引作用	学生对该主题情境喜爱度一般，数学游艺导览图的导引性需要加强

续表

流程	能根据项目内容、学校空间、学生人数科学合理设计游艺流程	能根据项目内容、学校空间、学生人数进行设计，但未考虑到1—2个细节因素	能根据项目内容、学校空间、学生人数进行设计，但未考虑到2个以上细节因素
内容	紧扣本学期数学学习涉及的核心知识与关键能力	有与本学期数学学习相关的核心知识与关键能力，但有1—2项遗漏需要补充	有与本学期数学学习相关的核心知识与关键能力，遗漏2项以上
方式	设计了二年级学生喜欢的方式，且操作性很强	二年级学生比较喜欢这样的方式，但操作性还需要加强	学生的喜爱度一般，操作性一般
评价	各项目有明确的分级评判标准，评价标准科学且可测量。总体评价与学校学生综合素质评价相结合，能促进学生自我反思与持续进步	各项目有比较清晰的分级评价标准，标准的表述需要关注可测性。总体评价与学校学生综合素质评价相结合	各项目有分级评价标准，需要加强科学性与可测性。总体评价没有与学校综合素质评价相结合

（4）对外展示形式：项目汇报及成果展示

表4　数学嘉年华方案汇报与答辩评价量规

主题	主题情境的介绍简洁且吸引人	主题情境的介绍比较简洁清晰	主题情境的介绍过于冗长或过于简略
表达	语言表达有逻辑性、层次性，重点突出	语言表达有一定的逻辑性与层次性，重点不太突出	语言表达层次性和逻辑性不够，重点不突出
工具	能借助PPT、图品、实物等工具，对方案的介绍有明显的支持作用	能借助PPT、图品、实物等工具，对方案的介绍有一定的支持作用	较少借助PPT、图品、实物等工具，或借助的工具对方案汇报没有明显的支持作用
答辩	能根据评委的问题进行有条理、有根据的回答，且有自己的观点	能根据评委的问题进行回答，回答有条理	能根据评委的问题进行回答，回答欠缺条理性
反思	能根据介绍与答辩进行较为全面的、积极的自我反思，并对方案进行调整与优化	能根据介绍与答辩进行自我反思，并对方案进行部分调整与优化	能根据介绍与答辩进行自我反思，但无优化的具体策略

五、项目内容

（一）内容概览

本项目共分为入项导引、分项研究、系统设计及项目汇报四大阶段，拟通过2周（10课时）的时间进行。通过数学核心知识与关键能力的自我梳理、数学知识结构与相关内容的自我总结、游艺项目的主题确定与形式设计、设计方案的不断整合与持续迭代、评价量规的共同商议与反思优化等，共同设计出有意义又有意思的数学嘉年华活动！

（二）课时及环节设计

表5 项目各阶段安排表

	阶段概述	课时	学生关键探究问题	评估方式（个人）	评估方式（小组）
入项导引阶段	通过数学课程负责人的一段视频开启入项课，引发思考"怎样设计一场数学嘉年华活动？"重点讨论一场成功的数学游艺嘉年华活动的核心要素	1	一场成功的数学嘉年华活动有哪些核心要素？	关注参与度与贡献度。积极参与小组讨论；提出可能的影响要素	各个小组用自己喜欢的方式呈现要素图
分项研究阶段之内容设计	通过对全册教材的梳理，人人构建学科知识内容体系的思维导图，通过组内交流、班级分享进行完善。针对思维导图讨论学科嘉年华如何进行分项，并据此进行分组，每一组讨论形成本组项目考察的关键能力点	2	学期数学游艺嘉年华需要包含哪些数学核心内容，需要考察哪些关键能力？	建构并完善本学期数学知识内容体系的思维导图	各组形成本组分项内容细化分析及关键能力评级表
分项研究阶段之形式设计	设计调查问卷，并向二年级全体学生发放问卷，进行问卷数据汇总，形成方案设计的指导性意见。通过讨论，确定本次学科游艺嘉年华的主题情境	2	学生喜欢怎样形式的学科嘉年华游艺活动？与学科内容相联系，选择怎样的情境与方式较为合适？	参与设计与制作问卷	设计并优化调查问卷，利用工具制作问卷，完成问卷汇总

续表

	阶段概述	课时	学生关键探究问题	评估方式（个人）	评估方式（小组）
分项研究阶段之综合设计	分组讨论，确定本组分项学科嘉年华的形式、内容与学业水平的等级评估标准	1	如何用游戏化情境设计数学核心知识与关键能力的项目活动？如何确定等级评价标准？	参与讨论本组项目的形式、内容与评价	形成较为完善的分项考核方案
系统设计阶段	综合考虑每个项目的参与时间，二年级各班级人数等，根据学校楼层平面图，小组讨论游艺嘉年华导引图初稿。分组交流，优化设计，进行投票，形成游艺嘉年华导引手册	1	如何利用学校有限的空间与游艺当天有限的时间，让每一位参与活动的学生获得良好的活动体验？	参与讨论，协作完成导引图	数学游艺嘉年华导引图
项目汇报阶段	分组进行方案设计的整体汇报。组建学科游艺嘉年华方案设计项目演讲小组，邀请二年级各班代表来班进行演讲，获取反馈意见，并持续改进。面向学校二年级全体学生及数学组教师进行数学游艺嘉年华方案的项目介绍与答辩	3	如何更好地展示研究成果？如何持续优化并最终实现项目的实际运行？	针对汇报与答辩进行小组内分工，每个人承担相应职责	汇报与答辩

（三）项目产出

（1）个人产出：本学期数学核心知识思维导图。

（2）小组产出：数学嘉年华子项目设计方案。

（3）班级产出：数学嘉年华设计方案。

（4）对外展示形式：项目汇报及成果展示。

【项目实践】

第一课时

课时目标：

1. 通过问题情境的设置，引出挑战性问题，激发学生积极参与的热情与兴趣。

2. 通过小组交流与大组分享，将"怎样设计一场数学游艺嘉年华活动方案"这一核心问题进行分解、细化，解析为一系列的问题串。

3. 在小组分享、全班交流中，感受团队协作的价值与作用。

教学过程：

（一）播放导引视频

课前由数学课程负责人录制一段视频，通过播放视频开启入项课。

> 胡老师：小朋友们，每个学期末我们都会组织学科嘉年华活动。还记得吗？你们喜不喜欢这样的活动？
>
> 告诉你们一个好消息，这个学期我们的数学嘉年华还会如期举行。以往的活动，都是由老师进行设计的。这次的活动，你们的活动由你们设计，你们的地盘由你们做主！主题设计、方案策划交给你们，有信心吗？你们的任务是——设计一场数学嘉年华活动方案！相信，有老师的帮助，有大家的合作，这次游艺活动的方案一定会精彩加倍！期待你们的方案分享哦！

（二）组织小组讨论

在你心中，好的数学嘉年华活动有什么特点？

1. 想一想：独立思考。

2. 说一说：组内交流。

3. 记一记：记录结果。

可以用关键词、表格、思维导图或其他方式记录小组讨论的结果。

预设1　好的数学嘉年华活动

```
○── 关键词1
○── 关键词2
○── 关键词3
○── 关键词4
```

图2　优秀嘉年华关键词条目

预设2

表6　优秀嘉年华特征表

好的数学嘉年华活动		
特点	表现	备注

预设3

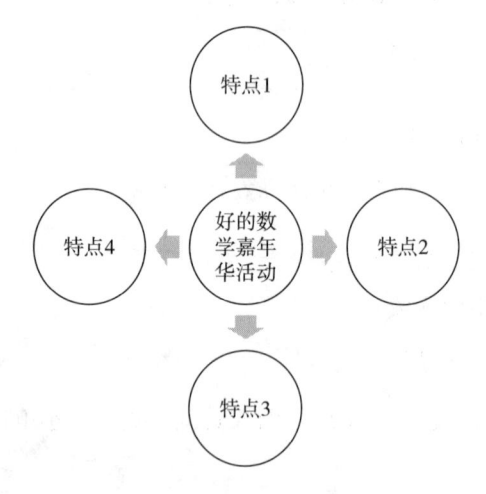

```
            特点1
             ↑
   特点4 ← 好的数学嘉年华活动 → 特点2
             ↓
            特点3
```

图3　优秀嘉年华特征思维导图

（三）组织全班交流

1. 各组分享本组讨论结果。

2. 教师进行实时记录。

3. 班级讨论形成共识。

可能的共识：

主题好（活动主题明确）

形式好（形式引人入胜）

内容好（整合全册内容）

流程好（活动安排有序）

体验好（人人感受进步）

（四）进行课堂总结

1. 面对挑战性任务的积极响应。

2. 进行分析时的组内交流合作。

3. 全班分享时的共同愿景建立。

（五）布置课后作业

好的数学学科游艺嘉年华，是关于数学的游艺，是成长的助力。课后，每位同学自主进行本册数学书内容的梳理，可以用思维导图的方式进行归类整理。数学核心知识思维导图需要关注结构与内容。具体评价标准如表7：

表7 数学核心知识思维导图评价量规

结构表达	知识结构准确，层级关系清晰，分类比较科学	知识结构比较准确，有个别分类可以合并、调整过或者有个别遗漏需要补充	有一定的知识结构，部分分类或层级关系需要重新调整或补充
内容表述	内容表述科学准确，有简洁的文字说明或画图说明、样例说明	内容表述比较准确，部分有文字说明或画图说明、样例说明	内容表述有些需要调整，需要增加文字说明、画图说明或样例说明

第二课时

课时目标:

1. 通过对全册教材的知识体系的自我梳理,引导学生自主建构属于自己的认知结构。

2. 通过小组分享与全班交流,在知识共享中实现个人认知结构的完善与优化。

3. 在小组及班级的团队分享中,提升学生自信、流利、有序表达的能力。

教学过程:

(一) 引出本课任务

好的数学嘉年华活动是姓"数"的,有着浓浓的数学味。而这浓浓的数学味道,来自设计师对于数学内容与结构的整体把握。小小设计师们,你们中的每一位都创造了属于自己的数学知识结构图。我们今天一起正式开启"数学嘉年华设计师训练营"!

(二) 小组分享优化

每一位设计师都有自己的思考,不同的思考一定能给其他伙伴带来启发。我们一起在小组中相互交流、相互帮助、共同成长。

(1) 展一展:介绍自己创作的结构图。

(2) 议一议:对同伴的作品进行点评。

(3) 改一改:根据建议进行修改完善。

(三) 全班交流分享

每组派一位代表,进行全班交流。

说一说:我的思路是怎样的?经过小组讨论,我进行了哪些修改与补充?

议一议:还有什么地方需要修改或补充。

（四）进行全课总结

回顾本节课的学习过程，我们经历了哪些环节？

你有什么感想和体会？

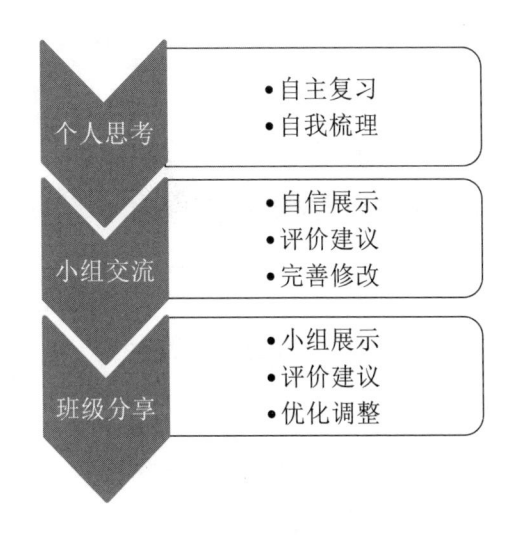

```
个人思考 → ・自主复习
          ・自我梳理

小组交流 → ・自信展示
          ・评价建议
          ・完善修改

班级分享 → ・小组展示
          ・评价建议
          ・优化调整
```

图 4　总结回顾流程图

（五）布置课后作业

在班级中展示修改完善后的知识结构图。

每位学生可以用即时贴，在作品上贴出对该作品的修改建议。

第三课时

课时目标：

1. 通过对整册数学知识结构图的再次回忆，引领每一位学生完整构建科学合理的认知结构。

2. 通过分组选定分项任务，自主确定考核的知识点与能力点，引导学生由表及里关注数学本质。

3. 通过组内讨论与组间分项，经历内容与标准的完善与优化的过程，促进儿童思维能力的提升。

教学过程：

（一）回顾结构

经过"数学嘉年华设计师训练营"的第一轮练习，每一位小小设计师都能用一张小小知识结构图，展示一册的数学书的核心知识。为你们点赞！

还记得我们是从哪些方面进行梳理和总结的吗？

师生共同合作，在黑板上即时完成本册内容一级结构图。图5为范例，不代表最终的即时生成。

图5 本学期数学内容一级结构图

（二）任务分组

4人小组讨论。

1. 选一选：选择一个最感兴趣的内容项目。

2. 想一想：这个主题涉及哪些考核内容。

3. 议一议：每项内容的考核标准关注什么？

4. 记一记：用喜欢的方式记录讨论的结果。

教师巡视各组，了解他们选择的内容，也可以对相关内容提出建议。

（三）分项交流

根据学生的分项进行分组交流。

1. 计算分项目的小组交流。

交流与分享：如有多个小组，可以由一个组介绍，其他组进行补充。

倾听与建议：其他小组对该小组进行评价，提出建议或意见。

记录与完善：边展示边优化作品。

表8以计算分项为范例，不代表最终的即时生成，讨论后可能形成不同的作品（不限于表格形式）。

表8　计算分项目小组讨论作品

内容名称	重点考察	考核关注点
100以内的加法	进位加 不进位加	能讲清过程 能算对结果
100以内的减法	退位减 不退位减	能讲清过程 能算对结果
表内乘法	乘法口诀 乘法算式	能讲清意义 能背诵口诀 能算对结果
乘加乘减	乘加算式 乘减算式	能讲清意义 能算对结果

2. 解决问题分项目的小组交流。

（包括用加法、减法、乘法、"乘加"、"乘减"解决实际问题）

交流与分享：如有多个小组，可以由一个组介绍，其他组进行补充。

倾听与建议：其他小组对该小组进行评价，提出建议或意见。

记录与完善：边展示边优化作品。

3. 度量分项目的小组交流。

（包括长度、时间）

交流与分享：如有多个小组，可以由一个组介绍，其他组进行补充。

倾听与建议：其他小组对该小组进行评价，提出建议或意见。

记录与完善：边展示边优化作品。

4. 图形分项目的小组交流。

（包括角的认识及观察物体）

交流与分享：如有多个小组，可以由一个组介绍，其他组进行补充。

倾听与建议：其他小组对该小组进行评价，提出建议或意见。

记录与完善：边展示边优化作品。

5. 搭配分项目的小组交流。

（包括排列、组合）

交流与分享：如有多个小组，可以由一个组介绍，其他组进行补充。

倾听与建议：其他小组对该小组进行评价，提出建议或意见。

记录与完善：边展示边优化作品。

（四）课堂总结

通过同学们的分工合作，我们梳理了各个分项的核心内容点和考核关注点。训练营的设计师们对设计内容有了全局的把握，对于考核的标准有了整体的了解。接下来，我们就需要用同学们喜欢的方式进行创意设计啦！我们下节课再一起研究！

第四课时

课时目标：

1. 产生统计的需求，了解统计的价值。

2. 理解并认识调查是获得数据的重要途径。

3. 了解问卷编制的一般方法。

4. 能根据调查目的，设计出符合统计目标的调查问卷。

教学过程：

（一）导入课题

通过上节课的研究，我们对本学期的数学核心内容点进行了分项整理，对于考核关注点也有了整体思考。怎样设计出同学们喜欢的嘉年华游艺形式呢？你们有什么好办法吗？

预设：

1. 上网了解数学游艺的新闻报道，了解其他学校学生喜欢的方式，学习其他学校的好经验。

2. 向老师和家长求助，了解我们学校同学们喜欢的方式。

3. 向学校每一个同学进行询问，了解他们喜欢的游艺活动形式。

4. 我们可以综合运用这些办法，从多个途径了解二年级的学生喜欢怎样的形式。但其中最重要的是我们学校二年级的学生喜欢怎样的形式。

（二）优化方法

同学们提到了一个一个地询问同学的意见，你们觉得可行吗？

正反方分别阐述理由。

预设：正方认为可行，每个同学采访一位同学，我们班有40位同学，全年级共4个班，每个人只需要采访其他班级的3位同学。

反方认为不可行。耗时多，数据统计比较麻烦。

有没有时间耗费少、数据统计快的方法呢？

预设："问卷星"、共建表格等。

（三）讨论内容

如果我们用"问卷星"来设计调查问卷，需要从哪些方面来进行调查呢？也就是调查问卷需要包含哪些项目和内容呢？

以小组为单位进行讨论，写下关键词。

小组交流，大组分享。

确定问卷的名称、内容及题型。

预设：

表9　调查问卷的项目及内容

问卷名称	清华附中广华学校数学嘉年华活动调查问卷
问卷目的	
答卷人基本信息	
问卷内容1	
问卷内容2	
……	

（四）编制问卷

接下来我们用"问卷星"进行编制。

可以请电脑使用较熟练的同学进行操作。

也可以教师操作，同学指导填写。

（五）发布问卷

生成二维码，通过各班级微信群发放问卷。

（六）课堂总结

通过今天这节课的学习与研究，你有什么收获？

第五课时

课时目标：

1. 能基于问卷数据进行整体分析，了解数据的意义与价值。

2. 能基于数据的结果，进行主题情境的设计。

3. 在问卷数据的汇总与分析中，初步形成统计观念与数据思维。

教学过程：

（一）谈话导入

同学们，经过我们上节课的共同努力，设计出了一份数学游艺嘉年华活动调查问卷。我们发放问卷后，各个班级的同学都积极地参与问卷填写。最终的问卷汇总里面究竟藏着哪些重要信息？哪些可以为我们接下来的设计作出指引呢？让我们一起来看。

（二）数据分析

1. 屏幕呈现问卷的各项汇总。

初步了解各项数据及填报内容。

2. 下发纸质汇总材料并进行小组讨论。

（1）哪些信息对你的设计产生了指引？

（2）哪些信息与你原来的想法不一样？

（3）你觉得怎样的主题与形式更受大家的喜欢？

（三）选定情境

怎样的主题情境更受大家的喜欢？

根据问卷汇总，考虑数学嘉年华活动主题情境类型。

各组代表阐述观点，全班进行投票表决，确定主题情境类型（如：童话情境、科幻情境、现实情境）。

（四）讨论方式

怎样的游艺形式更受大家的喜欢？

根据问卷汇总，考虑数学游艺嘉年华活动的分项目游艺方式。

分小组讨论，记录关键词。

全班交流，分类整理记录。

（五）课堂总结

每一个数据的背后，都是一位同学可贵的想法。当全年级一个个数据汇聚，每一个"我"组成了更大的"我们"。当全班级一个个想法汇集，每一个智慧的"我"就组成了更智慧的"我们"。小小设计师训练营，我们下期见！

第六课时

课时目标：

1. 通过小组讨论，形成分项游艺方案初稿。

2. 基于班级交流，优化完善分项游艺方案。

3. 在方案设计中，培养学生创造性解决问题的能力。

4. 在团队协作中，培养学生责任共担分工合作的能力。

教学过程：

（一）任务发布

通过问卷调查，我们了解到什么样的主题、什么样的形式是同学们喜欢的。接下来到了小小设计师团队共创的时刻了！每个主题，需要构建一个项目组进行全面设计。

（二）讨论标准

一份好的分项设计方案，需要关注哪些方面？

根据学生的交流，结合教师的预设，设计调整评价量规。

表10　分项设计方案评价量规

内容	紧扣本项目涉及的核心知识与关键能力	有与本项目相关的核心知识与关键能力，但有1—2项遗漏需要补充	有与本项目相关的核心知识与关键能力，遗漏2项以上
方式	设计了二年级学生喜欢的方式，且操作性很强	二年级学生比较喜欢这样的方式，但操作性还需要加强	学生的喜爱度一般，操作性一般
评价	有明确的分级评判标准，评价标准科学且可测量	有比较清晰的分级评价标准，标准的表述需要关注可测性	有分级评价标准，需要加强科学性与可测性

（三）分组设计

根据项目的个数，结合前期学生小组的选择，形成N个大项目组。

如果总项目数为6—8个，每个项目组可以安排5—6人。

如果总项目数为4—5个，每个项目组可以分为项目1组与项目2组，各4人。

在4人项目小组中讨论形成方案。

在8人大组中将两份方案进行分享，对照量规进行自我评价，以一份为基准进行整合优化。

（四）全班交流

各项目组派一位代表进行介绍，项目组成员进行补充。

其他项目组对照量规进行评价，提出修改意见与建议。

（五）课堂总结

小小设计师们，通过大家的智慧共创，我们的分项目方案初稿已经完成啦。课后每个小组可以采用个别访谈的形式，请同学（包括其他班级的同学）、老师、家长给你们的项目方案提改进意见哦！期待能看到你们的"N.0版"哦！

（六）课后作业

优化设计方案，实际游艺演练，记录游艺数据。

（单人游戏或多人游戏及完成的时间）

第七课时

课时目标：

1. 根据学校平面图进行综合设计，培养学生的空间观念。

2. 综合考虑项目游艺时长及参与人数进行设计，培养运算能力与统筹能力。

3. 经历从分项方案汇总到总方案的设计过程，提升学生的全局思维与整合设计的能力。

教学过程：

（一）回顾交流

我们的各个大项目组设计了自己的场景式游戏，每个游艺项目都经历了预演。让我们汇总一下各组的预演数据。

表11为范例，实际分项以学生讨论结果为准。

表11 分项游艺项目预演数据汇总

项目类别	项目名称	游艺人数	游玩时间
计算			
解决问题			
图形			
搭配			
度量			

（二）统筹安排

我们这次的数学嘉年华的活动场所为学校教学楼三楼，平面图如图6。

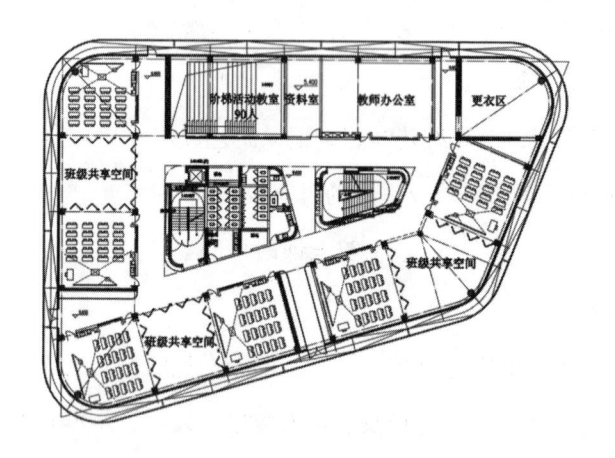

图6 教学楼三楼平面图

你们能根据平面图把各个项目进行科学安排吗？友情提示：每个项目需要安排几组、安排在多大的空间比较合适，都需要进行考虑哦！

活动素材：项目名称贴纸、平面图一张。

（1）想一想：每个项目安排在哪个空间？

（2）选一选：每个项目安排几组比较合理？

（尽可能各个项目用的时间差不多）

（3）算一算：一个同学顺利完成所有项目大概需要多长时间？（不考虑排队因素）

（三）分享完善

各项目组派代表进行分享，说说他们小组这样安排的理由。

其他小组提出修改建议。

各小组进行完善优化。

（四）投票表决

呈现修改完善后的方案。

班级投票表决。

对得票数最高的方案再次提出修改建议。

再次修改完善。

（五）课堂总结

在实际操作的过程中，项目的设计者不仅要考虑每个项目用的时间及人数，在安排路线时也要尽可能地计算项目游艺时间以减少等待，做到效能最大化。

比如：我们上学期的线上期末考核，每个直播室游艺时间都是 5 分钟，每位学生进入 3 个直播室，在统筹安排后每位学生都不需要等待。后续我们有了更多的数学知识，就可以用更大的本领进行统筹设计了（如图 7 所示）。

学号	姓名	语文1	语文2	语文3	数学1	数学2	数学3	英语1	英语2	英语3
直播间会议号		383 591 615	517 269 327	730 309 943	537 427 549	365 223 398	346 561 660	268 926 697	196 921 783	111 532 363
1	安**	7:00-7:05				7:05-7:10		7:10-7:15		
2	陈**		7:00-7:05			7:05-7:10			7:10-7:15	
3	陈**			7:00-7:05			7:05-7:10			7:10-7:15
4	陈**	7:10-7:15			7:00-7:05			7:05-7:10		
5	陈**		7:10-7:15		7:00-7:05				7:05-7:10	
6	程**			7:10-7:15		7:00-7:05				7:05-7:10

图 7　线上期末考核统筹表

（六）课后作业

完善导引图，加上主题和宣传语，添加颜色与图案，使之更具吸引力。

第八课时

课时目标：

1. 在各分项方案及导引图的基础上，完成数学嘉年华手册，培养学生的系统思维意识。

2. 小组中进行分工，共同完成数学嘉年华活动的介绍，培养学生的表达能力、操作能力与协作能力。

3. 借鉴其他小组的经验，不断完善与优化本组的介绍，培养学生的反思意识与自我改进的习惯。

教学过程：

（一）任务发布

在前期的小小设计师训练营中，我们完成了各个项目的设计方案，还进行了游艺导览图的设计。今天这节课，我们在班级中开展数学嘉年华活动方案初稿发布会。

每个小组需要合作完成一本完整的数学嘉年华手册，包含导览图、各个子项目方案以及你们认为需要补充的其他材料。进行分工，设计数学嘉年华设计方案发布会的流程及内容。

（二）小组合作

1. 完善手册

在前期各个项目组完成的子项目设计方案及班级合作完成游览图的基础上，进行统整、补充与完善。

各个组员在组长的带领下分别完善各项目方案及导览图，同时讨论是否有其他需要补充的材料。

2. 讨论分工

组内各成员就数学嘉年华方案发布会进行角色分工。

如：演讲者、素材展示者、补充说明者、现场答辩者等，明确各个角色的具体职责。

信息技术运用水平较高的小组还可以进行 PPT 制作。还可以准备相应的实物、导图、图片等进行补充说明。

3. 模拟发布

在组内对演讲者的分享部分进行模拟展示，提出建议与意见。

（三）组间分享

1. 分组介绍

各组介绍本组发布会的总体思路，包括人员分工，运用的材料、工具及支持手段。

2. 相互评鉴

在认真聆听的基础上，肯定值得学习的地方，提出可操作的修改意见。

（四）方案优化

分析其他小组的优点与特色，进行借鉴性吸纳。根据其他组提出的意见与建议，进行整体修改与完善。

（五）课堂总结

通过今天这节课的交流与分享，你有什么收获与体会？

（六）课后作业

继续完善本组方案，在不同范围进行模拟发布。在技术与工具的运用上如需帮助，可以请教任何一位科任教师或父母。

第九课时

课时目标：

1. 以各个项目组的方案介绍为驱动性任务，实现小组成员的共同愿景建立。

2. 通过项目组在同年级班级的方案说明会的具体实施,提升学生的团队协作意识及公众讲演能力。

3. 面对同年级其他班级学生的评鉴,以悦纳的心态,辩证地看待自己团队的进步与需要努力的方向。

参加人员:二年级各班学生代表12人。

教学过程:

(一)活动总体说明

邀请同年级各班学生代表,参加数学游艺嘉年华方案修改稿发布会,由 N 个项目组抽签后依次介绍,每个项目组介绍时间为 5 分钟,答辩时间 2 分钟。各班代表可以对每个项目组的方案介绍提出 1—2 个问题。最后由各班代表投票,选出 1 个项目组参加最终的数学游艺嘉年华方案发布会。

(二)介绍评价标准

表12　数学嘉年华方案汇报与答辩评价量规

主题	主题情境的介绍简洁且吸引人	主题情境的介绍比较简洁清晰	主题情境的介绍过于冗长或过于简略
表达	语言表达有逻辑性、层次性,重点突出	语言表达有一定的逻辑性与层次性,重点不太突出	语言表达层次性和逻辑性不够,重点不突出
工具	能借助 PPT、图品、实物等工具,对方案的介绍有明显的支持作用	能借助 PPT、图品、实物等工具,对方案的介绍有一定的支持作用	较少借助 PPT、图品、实物等工具,或借助的工具对方案汇报没有明显的支持作用
答辩	能根据评委的问题进行有条理、有根据的回答,且有自己的观点	能根据评委的问题进行回答,回答有条理	能根据评委的问题进行回答
反思	能根据介绍与答辩进行较为全面的、积极的自我反思,并对方案进行调整与优化	能根据介绍与答辩进行自我反思,并对方案进行部分调整与优化	能根据介绍与答辩进行自我反思

（三）分组进行答辩

1. 抽签号 1 号项目组介绍方案。

二年级学生代表举手提问。

项目组学生进行答辩。

2. 抽签号 2 号项目组介绍方案。

二年级学生代表举手提问。

项目组学生进行答辩。

3. 抽签号 3 号项目组介绍方案。

二年级学生代表举手提问。

项目组学生进行答辩。

4. 抽签号 4 号项目组介绍方案。

二年级学生代表举手提问。

项目组学生进行答辩。

5. 抽签号 5 号项目组介绍方案。

二年级学生代表举手提问。

项目组学生进行答辩。

……

（四）自我反思提升

各组分别经历了分享与答辩后，本组需要进行完善与修改的地方，以及具体做法。

（五）投票表决

各学生代表每人手中有 1 枚紫荆花，分别投放到每个项目组投票箱。

得到紫荆花最多的小组，将代表全班进行正式的数学游艺嘉年华方案发布。

（六）活动总结

这节课，我们二年级四个班的学生代表共同上好一节课，共同设计一个方案。这是智慧众筹的过程，也是方案完善的过程，更是能力提升的过程。在方案评鉴中，我们学会了欣赏他人的优点，我们学会了多元辩证的思考，我们也学会了持续不断的改进。

期待我们各组贡献自己的智慧，帮助"××项目组"在正式发布会中取得更大的进步！

（七）课后作业

各个项目组给参加全校展示的项目组提出1—2条改进意见，参加展示的项目组对数学嘉年华设计方案再次进行修改完善。

第十课时

课时目标：

1. 通过项目组的方案介绍，引导学生整体建构二年级上册数学的知识结构，系统了解二年级上册数学学习的能力目标及具体表现。

2. 通过项目组的分工协作，培养学生的团队合作能力及相互补位意识。

3. 通过教师评审组的点评与提问，引导学生拓宽思维的广度与深度。

参加人员： 二年级学生、二年级数学组教师。

教学过程：

（一）活动总体说明

1. 参加人员说明：二年级各班学生参加此次数学嘉年华方案发布会。

2. 方案评审组成员及组成：邀请二年级3位数学教师及随机抽取的6位学生组成评审组。

3. 具体流程安排：（1）项目组介绍（时间为10分钟）。（2）答辩（时间为10分钟）。（3）学生代表点评及教师代表点评。（4）项目组代表发言。

（二）项目介绍

1. 项目组成员进行分工介绍。

2. 阐述设计理念及具体安排。

3. 介绍活动流程及内容形式。

4. 分享评价指标及具体标准。

（三）提问答辩

1. 教师代表及学生代表提1—3个问题。

2. 项目组成员可以商量后由一位代表作答。

3. 如果觉得有必要，班级其他学生可以举手示意进行补充。

（四）代表点评

1. 学生代表进行点评（每位代表发表自己的观点、提出建设性意见）。

2. 教师代表进行点评。

（五）项目组发言

每位项目组成员发表感想。

（六）活动总结

历经2周的"数学嘉年华设计师"项目学习，我们每个人都有思考、有付出、有体会、有成长。设计师训练营，让我们每个人学会学习、学会思考、学会合作、学会分享、学会创造。我们创造的不仅仅是一个有趣、有料、有序、有效的数学游艺嘉年华活动，我们还创造了不一样的数学童年生活！

带着这样的收获、这样的成长、这样的思考，我们与期末数学游艺嘉年华活动精彩相约！

（本方案为作者参加第六届未来学校大会项目式学习获评TOP 10领袖教师第二轮挑战的参赛作品，收录于未来学校丛书《项目式学习》）